Great American
DECADES
PUZZLE BOOK

USA GRAB A PENCIL PRESS

CARLISLE, MASSACHUSETTS

ISBN: 978-1-945187-24-7

The word search puzzles in this book were created with
TheTeachersCorner.net Word Search Maker. The Teacher's Corner,
in Castle Rock, Colorado, began in 1996 to provide free teaching
resources on the internet for teachers and parents. It was originally created, and is
still run today, by Jennifer and Chad Jensen.

The crossword puzzles in this book were created with
CrosswordHobbyist.com Puzzle Maker.

Published by
GRAB A PENCIL PRESS
an imprint of Applewood Books
Carlisle, Massachusetts 01741

To request a free copy of our current catalog
featuring our best-selling books, write to:
Applewood Books, Inc.
P.O. Box 27
Carlisle, Massachusetts 01741
www.grabapencilpress.com

10 9 8 7 6 5 4 3 2

Manufactured in the United States of America

CONTENTS

★ How to Use This Book ★

While we put this book together, we aspired to deliver the moments
and memories that defined YOUR special decade.
Use this book to revel in the past—remembering and celebrating
anniversaries, events, and where you were when.

This book is chock-a-block full of the details and nostalgia of days gone by.
Use this book to stimulate your mind and memory
through these fun and challenging puzzles.

The lists have been assembled to tell a story. Some of the people, places, or
events may not ring a bell. Don't stop there…
Use this book as a springboard to learn more about our history.

We loaded this book with ten decades for a reason.
There's something for everyone.
Use this book to learn about the fun and nostalgia of the times that you,
your parents, your grandparents, or—if you have them—your children
or your grandchildren have lived through.

Use this book to look back and share your special decade
with those you love—young and old.

Grab a Pencil and Go!

The 1920s

Across

2 The Negro National League was formed in baseball by Andrew ____ Foster. (1920)

3 Visual artistic style made popular in the 1920s.

7 This type of music rose dramatically in popularity during the post–World War I era.

8 The suffrage movement resulted in the signing of this amendment giving women the right to vote. (ratified in 1920)

9 The Immigration Act of 1924, limiting visas of Latinos, Asians, and Jews as well as other nationalities, was passed by this president.

10 City where the first commercially licensed radio broadcast from station KDKA was heard. (1920—election day)

Down

1 First woman to fly solo across the Atlantic Ocean. (1928)

4 This nightclub was a central venue during the Harlem Renaissance. (1920)

5 The best-selling book *The Great Gatsby*, written by this author, was influential in defining the decade. (1924)

6 Prohibition began with the signing of the Eighteenth Amendment, which made the manufacture, sale, or transportation of this substance illegal. (1920)

The Soaring Twenties

A	M	T	A	L	R	F	G	O	L	Y	W	L	Z	C
E	W	H	I	P	Q	R	S	U	M	Q	W	N	B	H
L	I	G	R	G	A	K	E	P	Q	I	D	O	A	C
E	B	I	C	Q	C	K	N	H	E	A	G	I	U	A
C	W	L	O	N	L	N	O	R	U	L	Y	T	T	U
T	D	C	N	C	W	O	H	A	B	T	V	A	O	D
R	B	I	D	T	R	I	P	D	I	I	C	R	M	I
I	P	F	I	Y	Q	T	E	I	P	M	K	E	O	O
C	C	F	T	Q	Z	A	L	O	V	E	Z	G	B	M
I	Z	A	I	J	O	I	E	D	M	T	B	I	I	E
T	P	R	O	J	P	V	T	D	Y	E	M	R	L	T
Y	F	T	N	S	O	A	R	W	H	R	S	F	E	E
M	O	T	I	O	N	P	I	C	T	U	R	E	S	R
P	O	E	N	C	K	Y	N	Z	S	E	K	R	N	D
J	J	L	G	E	L	B	I	T	R	E	V	N	O	C

AIR-CONDITIONING	ALTIMETER	AUDIOMETER
AUTOMOBILES	AVIATION	CONVERTIBLE
ELECTRICITY	MOTION PICTURES	RADIO
REFRIGERATION	TELEPHONES	TRAFFIC LIGHT

Lookin' Spiffy

```
U  E  M  P  P  R  I  A  H  D  E  B  B  O  B
Q  S  B  U  S  Z  A  T  R  E  P  P  A  L  F
X  S  D  P  I  N  S  T  R  I  P  E  S  B  J
K  L  J  R  C  E  Q  U  Y  H  I  V  O  R  S
R  O  B  O  O  Z  E  A  I  R  H  X  S  I  R
A  O  I  B  J  F  A  O  J  G  F  T  L  M  U
E  W  D  N  D  F  X  Y  X  O  K  Q  E  L  O
W  H  F  H  E  J  E  O  R  J  U  N  E  E  F
S  S  D  H  C  R  Y  D  E  W  B  O  H  S  S
T  I  Y  O  Y  G  B  L  O  N  D  W  S  S  U
R  T  F  P  E  A  B  D  L  R  O  K  I  H  L
O  I  M  Q  G  X  S  O  B  N  A  T  U  A  P
P  R  H  S  A  P  V  D  B  V  K  L  O  T  K
S  B  B  D  U  Y  F  E  B  P  T  O  L  W  V
T  A  O  C  R  U  F  N  O  O  C  O  C  Q  T
```

BOBBED HAIR	BRIMLESS HAT	BRITISH WOOLS
COCOON FUR COAT	FEDORA	FLAPPER
LOUIS HEELS	OXFORD BAGS	PINSTRIPES
PLUS FOURS	SPORTSWEAR	TWO-TONE OXFORDS

Trouble on Wall Street

```
N Y S T O C K E X C H A N G E
B M C U O Z W T E T E P Z J D
L A H S P D O B X Q D I W B R
A R I C H A R D W H I T N E Y
C K F U I H B O M P C R G B C
K E Z C I N A P G N I L L E S
T T I S E B I R B U X O U N Y
U C T S N A E L L A G Y K Q F
E R W A L L S T B O M B I N G
S A R V S T O C K T I P S M K
D S L A N R U O J T S L L A W
A H I L X F R S M H T P I H S
Y C H A R L E S P O N Z I L W
V P Z S L J G X E D D A E P I
Q V C G N A G R O M P J N W M
```

BLACK TUESDAY	BRIBES	CHARLES PONZI
GALLEANS	J.P. MORGAN	MARKET CRASH
N.Y. STOCK EXCHANGE	RICHARD WHITNEY	SELLING PANIC
STOCK TIPS	WALL ST. BOMBING	WALL ST. JOURNAL

Food that's the Bee's Knees

```
P D D U N U W F Y F W B U X X
I V X Q T J Y R U W E R P W E
O E M A D B B I A M T E S O B
M L P C A Z W E L J S A I N A
Y V L D O H K D L T R D D D B
S E C E B D Y C T P E S E E Y
K E Y K J U F H K I V T D R R
I T L A G J C I E S O I O B U
A A H C V A Y C S H O C W R T
R P X R I J A K I H H K N E H
X C B L M S M E O Y C S C A Q
Q Y J A M T P N X S X A A D M
Q J I Z N D K O W P H H K N T
J K J U Y D B T P A D T E E G
Z G F L A P J A C K S A C V S
```

BABY RUTH	BREAD STICKS	CODFISH CAKES
FLAPJACKS	FRIED CHICKEN	HOOVER STEW
JELL-O	PB AND J	POPSICLES
UPSIDE-DOWN CAKE	VELVEETA	WONDER BREAD

Books that Pack a Sockdolager

Match the book title to the correct author.

1. _____ *The Great Gatsby*   A. JOYCE

2. _____ *Ulysses*   B. CHRISTIE

3. _____ *The Sound and the Fury*   C. HEMINGWAY

4. _____ *Mrs. Dalloway*   D. REMARQUE

5. _____ *The Murder of Roger Ackroyd*   E. FAULKNER

6. _____ *The Weary Blues*   F. SAYERS

7. _____ *Death Comes for the Archbishop*   G. HUGHES

8. _____ *A Farewell to Arms*   H. FITZGERALD

9. _____ *All Quiet on the Western Front*   I. CATHER

10. ___ *Whose Body*   J. WOOLF

Political Milestones for Women

```
N S T N N E U F E K Y B P Z M
O Z M O E V Z L M D N E H C M
T J R S O A M O M N V R O N I
L M N R N H Q R A S I T R Q N
E A M E E A Z E J A R H T S N
F E H D L M T N H W L A E H I
A N S N L I H C A W K K N H E
C O J A I L L E R S T L S E H
C L Z A E T K A V Z R A E W A
E A Y R R O V L A Y T N W L R
B N Y O O N I L T I J D A W P
E V K C S D J E W F D E R Q E
R R O W S U L N O K D S D W R
O F S O L E D A D C H A C O N
V Z V S G N I R P S A N E L Q
```

BERTHA K. LANDES	CORA ANDERSON	EMMA J. HARVAT
EVA HAMILTON	FLORENCE ALLEN	HORTENSE WARD
LENA SPRINGS	MAE NOLAN	MINNIE HARPER
NELLIE ROSS	REBECCA FELTON	SOLEDAD CHACÓN

Cutting a Rug

```
N J B W O D R V Y B R D J U R
G U T D P L I N D Y H O P D A
U Y E R A C C O O N F W G L T
U M L D B T P T R I C N G M N
D M X S H M L T B R O I A O A
O O D J O I O G O S K S N T W
C T G E H E P U C D P R O T Q
L S A M B A T P X K D H T O Z
C A B R E A K A W A Y L S B U
W X G T N K T W X J Z T E K S
C E M G H X L A O Z L M L C H
B T O A V I R L G J C F R A I
F X D I T O R T X O F D A L M
A Q Q A I O O Z Z Z U X H B M
B G Q Y V S M M T V Y X C L Y
```

BLACK BOTTOM	BREAKAWAY	CHARLESTON
FOX-TROT	LINDY HOP	RACCOON
SAMBA	SHIMMY	TANGO
TEXAS TOMMY	TODDLE	WALTZ

The Golden Age of Radio

```
E  H  O  M  E  M  A  K  E  R  S  C  L  U  B
M  V  Z  J  F  N  O  D  E  L  C  N  U  P  G
I  S  K  C  O  R  U  O  H  S  W  E  N  G  O
T  D  X  K  R  Q  E  W  E  D  U  U  O  D  Y
T  W  O  F  R  B  B  A  R  N  D  A  N  C  E
I  I  W  Y  F  T  L  H  K  K  F  J  M  A  U
U  C  Y  D  N  A  N  S  O  M  A  M  L  K  I
C  S  T  A  N  D  A  R  D  S  C  H  O  O  L
S  I  Q  E  S  U  O  H  Y  R  E  T  S  Y  M
I  S  R  E  D  L  I  U  B  E  R  I  P  M  E
B  S  Z  O  O  H  S  Y  P  T  K  Y  T  U  S
G  W  Z  G  R  A  N  D  O  L  E  O  P  R  Y
N  I  T  E  L  L  U  B  S  R  E  M  R  A  F
I  Q  Q  W  B  M  Z  C  G  X  O  A  W  E  Q
K  S  T  S  A  C  S  T  R  O  P  S  D  D  D
```

AMOS 'N' ANDY	BARN DANCE	EMPIRE BUILDERS
FARMER'S BULLETIN	GRAND OLE OPRY	HOMEMAKERS CLUB
KING BISCUIT TIME	MYSTERY HOUSE	NEWS HOUR
SPORTSCASTS	STANDARD SCHOOL	UNCLE DON

Red-Hot Gangsters

```
C N F L G W L U C I A N O Q H
S I G C D A U T W V H T Y Z R
D R B D S X P U A G Q Z M F B
N D P Q C A H Z B S W R A Z J
O G I F P I X Q M P T D R I H
M C E U B O O T L E G G I N G
A M M I S I W G T A R I A V M
I S P Z P X Y I R K G B L V C
D U L E L C U L U E D F C U Z
L V Z A Y S A N Z A W E T M S
H H Z A K R T P F S H Z N R N
R Z T L U H C S O Y T O I D X
S J I O C Q M V D N Z O A Q L
S S N U G M O R A N E B S J N
J B V C J F H F Z L V R D Y K
```

BOOTLEGGING	BOOZE	CAPONE
DIAMONDS	FBI	GUNS
LUCIANO	MORAN	SAINT-CLAIR
SCHULTZ	SILK SUIT	SPEAKEASY

How Many Clams?

Choose the correct cost in the 1920s for the item listed.

1. Grandstand seat ticket at Yankee Stadium on first day the stadium opened in 1923.

   ☐ A. $3.00
   ☐ B. $.50
   ☐ C. $1.10
   ☐ D. $6.00
   ☐ E. $.05

2. Filet Mignon at the Cotton Club

   ☐ A. $2.50
   ☐ B. $.75
   ☐ C. $1.00
   ☐ D. $.25
   ☐ E. $3.00

3. Gallon of gas

   ☐ A. $.25
   ☐ B. $.75
   ☐ C. $1.00
   ☐ D. $.05
   ☐ E. $2.00

4. Half gallon of milk

   ☐ A. $.10
   ☐ B. $.28
   ☐ C. $.75
   ☐ D. $1.00
   ☐ E. $.50

5. Year of tuition at a private university

   ☐ A. $100
   ☐ B. $600
   ☐ C. $50
   ☐ D. $250
   ☐ E. $1200

6. Model T Ford

   ☐ A. $1200
   ☐ B. $500
   ☐ C. $260
   ☐ D. $185
   ☐ E. $3000

7. Table top radio

   ☐ A. $145
   ☐ B. $75
   ☐ C. $25
   ☐ D. $300
   ☐ E. $10

8. New house

   ☐ A. $1200
   ☐ B. $3500
   ☐ C. $9000
   ☐ D. $500
   ☐ E. $6000

9. Postage stamp

   ☐ A. $.02
   ☐ B. $.15
   ☐ C. $.07
   ☐ D. $.12
   ☐ E. $.05

10. A dozen eggs

   ☐ A. $.06
   ☐ B. $.73
   ☐ C. $.34
   ☐ D. $.11
   ☐ E. $.56

Sporting Heroes

```
B G W E S R D E O N Z T J A E
A W E F E E R P A H U Y O V S
I I I R P D A U W W A I E Y A
X G S J T G B I K V U R L U T
C E S V T R B N T H D A O M C
B N M S H A U F S P I W U H H
O E U R T N H D Z U W O I E E
B T L U U G T I E S K N S L L
B U L K R E R G P E G A Q E P
Y N E V E U A G G D D M C N A
J N R K B W H M E N Q E T W I
O E A T A L E C U W M U R I G
N Y Z H B K D F D R A L R L E
E J A C K D E M P S E Y I L E
S F L H A S M Y V M Z D J S P
```

BABE RUTH	BOBBY JONES	DEHART HUBBARD
GENE TUNNEY	GERTRUDE EDERLE	HELEN WILLS
JACK DEMPSEY	JOE LOUIS	MAN O' WAR
RED GRANGE	SATCHEL PAIGE	WEISSMULLER

The 1st Academy Awards

```
V Y W T S E P M E T W G J N Q
L Z S M N L Z Y X S U O J U S
O E V W N N P J K M N E I L K
B S O A B W G R X S D S F T N
C I L R L D P A N T E O U O A
M R W N D G M A Y A R C Z Q B
J N D E Z L L E X N W N Z P R
A U R R M I L E S T O N E C I
N S T B W J E F Y T R R A H A
N F H R U P G A K Z L V M A F
I N E O V Z A K Q Z D J R P N
N P D S C O Z F U A L Z O L W
G U O Q X J R I V R B A Z I L
S C V F B N O P S G N I W N X
Z G E M C E B A X C I W Q N W
```

BORZAGE	CHAPLIN	FAIRBANKS
GAYNOR	JANNINGS	MILESTONE
SUNRISE	TEMPEST	THE DOVE
UNDERWORLD	WARNER BROS.	WINGS

Mother Nature Reigns Supreme

```
O  K  E  E  C  H  O  B  E  E  A  V  Y  P  Y
M  R  O  T  S  Y  A  D  N  U  S  M  L  A  P
B  E  R  K  E  L  E  Y  F  I  R  E  B  U  G
J  E  V  O  C  E  Y  R  O  Y  B  K  Y  Q  R
R  Q  U  R  H  F  O  R  T  P  I  E  R  C  E
Y  K  S  U  D  N  A  S  N  I  A  R  O  L  A
K  Q  C  I  T  E  N  G  A  M  O  E  G  T  T
R  Y  D  B  Q  D  J  D  I  G  V  L  Y  B  M
D  R  E  K  C  O  B  R  E  K  C  I  N  K  S
Y  E  L  L  A  V  R  E  I  V  E  S  M  Y  F
Q  I  B  I  Z  U  L  S  L  I  C  Z  S  A  L
T  R  I  S  T  A  T  E  T  O  R  N  A  D  O
Q  Z  V  N  D  B  L  I  Z  Z  A  R  D  R  O
J  J  L  L  T  Q  X  S  F  U  O  X  W  O  D
F  N  J  X  A  G  F  G  L  Z  S  C  V  Q  O
```

BERKELEY FIRE	FORT PIERCE	GEOMAGNETIC
GREAT MS FLOOD	KNICKERBOCKER	LORAIN-SANDUSKY
ND BLIZZARD	OKEECHOBEE	PALM SUNDAY STORM
RYE COVE	SEVIER VALLEY	TRI-STATE TORNADO

1920s Trailblazers

```
Y  D  O  O  M  S  L  L  I  W  N  E  L  E  H
T  D  R  O  F  N  R  F  W  S  R  X  G  C  Z
R  B  N  H  C  C  U  Y  F  L  E  M  I  N  G
L  C  A  X  X  D  R  L  Q  B  U  M  S  M  H
B  V  M  R  E  L  L  E  F  E  K  C  O  R  L
C  L  E  Z  W  Y  N  C  T  S  M  E  T  W  K
R  T  L  L  Q  D  I  Z  D  S  I  C  G  G  O
W  R  O  H  T  E  E  U  F  I  E  H  U  N  G
I  A  C  T  C  V  T  C  Y  E  Y  A  X  I  L
W  H  E  G  D  A  S  Y  P  S  E  N  S  T  B
G  R  I  S  E  I  N  H  T  M  L  E  Q  N  C
M  A  S  G  S  U  I  X  E  I  T  L  N  A  K
P  E  S  J  P  R  E  O  N  T  N  K  T  B  R
L  V  E  A  U  Z  D  V  I  H  E  T  Q  B  Q
N  V  B  L  B  I  N  E  Y  C  B  B  P  G  R
```

BANTING	BENTLEY	BESSIE COLEMAN
BESSIE SMITH	CATT	CHANEL
EARHART	EINSTEIN	FLEMING
FORD	HELEN WILLS MOODY	ROCKEFELLER

Scram(ble)!

Traveling to the 1920s?
To get there, unscramble these.

1. This manufacturer introduced the 40 hour work week, making weekends and vacation time more the norm.
DROF

2. This was used to purchase 90 percent of goods and people would then splurge to take their families on vacation.
TRECID

3. The first airline with a domestic flight from east coast to west coast (costing about $360).
MKL

4. The train cars used for luxury train travel
LALPMUN

5. Popular museum destination in New York City
AMMO

6. These car races became popular in the 1920s
CASNRA

7. This amusement park in New York City was a popular family vacation destination
NOSELYCANDI

8. Camping was popular in this park—the world's first national park
SEWLOYONELT

9. The Milestone was the world's first ___ and opened in 1925 between San Francisco and Los Angeles
TOLEM

10. This National Park in Arizona was the destination of many family road trips.
NYRACONDANG

Modern Art

```
O V K U J E S T Q Q Q S D M V
K U Z I S H Z V Y X Q U H P G
T A M S I N O I S S E R P X E
B V I U L H O C U O Q R M K O
Y A F M N S S W K C Q E A P M
W N R P I C H A B Z H A H T E
A T I L O G H A D E T L C I T
V G D W C A D B D A L I U M R
F A A Z E A E A Z T R S D E I
I R K L D R Y L J T B M L G C
N D A P T O K E E F F E A N G
F E H S R P H P D L B H U K A
Z Y L M A G W K K K G G Z B U
L S O K Y J O X K C C H L Q N
E W Y D Y H P A R G O T O H P
```

ART DECO	AVANT-GARDE	DADA
DALI	DUCHAMP	EXPRESSIONISM
FRIDA KAHLO	GEOMETRIC	MUNCH
O'KEEFFE	PHOTOGRAPHY	SURREALISM

Great Names for the Greatest Generation

```
B  S  C  H  A  R  L  E  S  R  H  W  X  L  Z
A  O  Q  Z  E  R  L  E  U  I  M  R  J  Z  V
M  A  I  L  L  I  W  T  O  M  B  X  B  K  E
H  T  M  H  Y  T  H  J  I  E  U  F  V  T  A
T  X  H  C  R  I  P  C  T  S  Y  U  V  R  O
Q  F  T  V  J  F  Q  R  V  H  H  U  N  W  Y
M  Z  U  G  T  C  E  C  J  M  T  N  C  L  M
E  N  K  E  P  B  A  V  J  G  O  C  Z  C  X
H  Q  A  O  O  X  S  T  T  E  R  J  Q  V  Q
I  E  Z  R  Q  V  N  S  N  G  O  I  Y  Z  M
A  F  L  G  C  T  L  R  E  R  D  E  O  B  J
S  U  T  E  R  A  G  R  A  M  I  L  N  E  M
W  Z  A  Z  N  H  O  J  I  A  A  D  I  T  C
C  E  B  Y  G  A  V  M  N  R  Z  J  O  T  S
T  I  L  T  A  Y  A  T  M  Y  O  P  S  Y  L
```

BETTY	CHARLES	DOROTHY
GEORGE	HELEN	JAMES
JOHN	MARGARET	MARY
ROBERT	RUTH	WILLIAM

18

The Jazz Age

```
M M I R E V D P M S U S R I J
I N X Z D I W P E F I S Q T N
Z A J F T E H M Q R E K A B O
F M C O T T O N C L U B W B S
J E L L Y R O L L M O R T O N
K T G Y X F W B P L K A P M H
U I K U Y T I V A X H P S F O
Z H O V T A R M S T R O N G J
K W Y F E L L I N G T O N V P
P L I H T I M S E I S S E B S
H U C W M V X G R S Q U J S E
E A W Q I A L J O L S O N S M
X P O N I W H S R E G J R L A
B E I D E R B E C K E F A W J
I X R E K C U T E I H P O S B
```

AL JOLSON	ARMSTRONG	BAKER
BEIDERBECKE	BESSIE SMITH	COTTON CLUB
ELLINGTON	GERSHWIN	JAMES P. JOHNSON
JELLY ROLL MORTON	PAUL WHITEMAN	SOPHIE TUCKER

Throwing a Wingding

```
I O U I D X N L P H Q B P B P
I L O Y A U X I X N U P X Z Y
B I A M L E D A G M E U K I N
S V E Q A S L T O Y N U M A N
S E Q D S T O K H S G S I E Y
G S U J F U G C Z C A F O N N
G Z S R R N D O P H P T B N H
E W M R O D N C V E M P F Q V
D G V B D E A P C E A W N J K
E I V S L X K M T S H I O D B
L O M L A I C I J E C W T C K
I H O N W M A R S R E T S Y O
V J J P B L L H M Z Z D B H U
E F O C J S B S M X Z D F Z L
D C A N A P E N I H S N O O M
```

BLACK AND GOLD	CANAPE	CHAMPAGNE
CHEESE	DEVILED EGGS	GIN
MIXED NUTS	MOONSHINE	OLIVES
OYSTERS	SHRIMP COCKTAIL	WALDORF SALAD

The 1930s

Across

4 Donald Bryant, a San Francisco Junior College track star, was the first person to cross this famous bridge on the day it opened. (1937)

6 Carl Austin Weiss Sr. assassinated this U.S. presidential candidate. (1935)

7 Construction of this famous dam, a groundbreaking engineering feat, is completed. (1936)

9 When the stock market crashed at the end of 1929, the Great Depression set in, which caused this to go up to 25 percent. (1930)

10 President Roosevelt acted swiftly to "wage a war against the emergency" with this program to counteract the Depression. (1933)

Down

1 This magazine published its first music hit parade. (1936)

2 Legendary African American singer Marian ___ performs before 75,000 people at the Lincoln Memorial in Washington, DC. (1939)

3 This canned precooked meat product was introduced by the Hormel company. (1937)

5 The ratification of the Twenty-first Amendment repealed the ___ Amendment, which established the prohibition of alcohol. (1933)

8 This superhero appeared—first in a backup story, then in his own comic book. (1939)

Lead-up to WWII

```
A N E U T R A L I T Y A C T N
X T O C M E C C O Z F U N A U
R K G V S E H O L O D O M O R
S T I M S O N D O C T R I N E
K N Z B O O K B U R N I N G M
H C R A M G N O L Y F V V P B
U N I R J W T B P K L Y O S E
T E M R B N E O B S P E G U R
X F N V D B X H K V Z R W M G
E E N A B L I N G A C T H B L
M U K D E N I N C I D E N T A
Q M K V M U A R S N E B E L W
S W E S I U O L T S S M Y S S
K R I S T A L L N A C H T L S
P O L A N D I N V A S I O N O
```

BOOK BURNING	ENABLING ACT	HOLODOMOR
KRISTALLNACHT	LEBENSRAUM	LONG MARCH
MS ST. LOUIS	MUKDEN INCIDENT	NEUTRALITY ACT
NUREMBERG LAWS	POLAND INVASION	STIMSON DOCTRINE

Use It Up, Wear It Out, Make Do, or Do Without

```
V L I O F M U N I M U L A M S
S B V S P R Z J J Q Q P H V N
E S S F E E B D E P P I H C E
H P E D T R O W M E A V S L D
C O L R I I I F M B H S X B R
T T O N D I F T E I P E W U A
A L R R S K Q D D D M L K T G
P U E U Z T C V L L O C F T N
S C S O D A Q A C J O Y L O E
X K S P O I W L S Y H C C N H
U S A C B D F A Y R O I K S C
M H C U Y C K K I O U B H X T
X F X B G R V S C U D O J B I
G R U B B E R B A N D S L F K
S E L L I V R E V O O H B F G
```

ALUMINUM FOIL	BICYCLES	BUTTONS
CASSEROLES	CHIPPED BEEF	FLOUR SACK DRESS
HOOVERVILLES	KITCHEN GARDENS	OLD TIRES
PATCHES	POTLUCKS	RUBBER BANDS

First Televised Sports

```
V C B T D S E L G A E S C N J
B O W Y M W I L K M Q K O G L
N L G X O H H A H X C Y L H D
S U B X L V Y B N X E K L E I
C M K B Y E A E F D M C E B U
E B W Z M X X S L N A S G A G
D I A Q P H N A F B H C E K Q
K A Y R I B D B O X D W F E M
E I N J C Q O E O M R J O R W
C A E N S K D G T O O B O F D
U N S F W S G E B I F U T I B
W G B H U L E L A H O B B E E
Q Z U Y Y E R L L Q P F A L J
N D R I H V S O L W F S L D Y
B H G N O T E C N I R P L Y U
```

BAKER FIELD	COLLEGE BASEBALL	COLLEGE FOOTBALL
COLUMBIA	DODGERS	EAGLES
FORDHAM	NBC	NFL FOOTBALL
OLYMPICS	PRINCETON	WAYNESBURG

The Dust Bowl
& Other Disasters

```
B K A J S D O O L F A N I H C
A I G D O M I N I C A N N P U
H D L A B O R D A Y Z Q Z S Q
R E P U B L I C A N R I V E R
L O O H C S N O D N O L W E N
T Q A J G O Y K A S K C V N O
K U A D J G R U B N E D N I H
H P B Q M P C A V B U J J C G
N O O H P Y T G N O K G N O H
A I N A P M A C A A I M T W C
U Y A D N U S K C A L B F Q R
A D L C K T H X V H B Y M V I
M R O T S D N A L G N E W E N
H R I R R E V I R W O L L E Y
O S A S L Q U S T H G U O R D
```

BLACK SUNDAY	CAMPANIA	CHINA FLOODS
DOMINICAN	DROUGHT	HINDENBURG
HONG KONG TYPHOON	LABOR DAY	NEW ENGLAND STORM
NEW LONDON SCHOOL	REPUBLICAN RIVER	YELLOW RIVER

1936 Summer Olympics

True or false?

1. Louis Zamperini gained world fame as a young Olympic long distance runner.

   ☐ True
   ☐ False

2. Berlin, Germany, won the bid to host over Beijing, China.

   ☐ True
   ☐ False

3. Although German Jewish athletes were barred from competing, some women swimmers from a Jewish sports club did take part.

   ☐ True
   ☐ False

4. The United States was the most successful country in the games overall with 89 medals total.

   ☐ True
   ☐ False

5. The games were the first to be televised.

   ☐ True
   ☐ False

6. Jesse Owens won four gold medals in the sprint and long jump events and was the most successful athlete in the games.

   ☐ True
   ☐ False

7. There was not another Olympic Games for 12 years after this one, due to the disruption of the Second World War.

   ☐ True
   ☐ False

8. The 1936 Olympics saw the first use of the Olympic torch.

   ☐ True
   ☐ False

9. For $7 million, Adolf Hitler commissioned filmmaker Leni Riefenstahl to document the Olympic Games.

   ☐ True
   ☐ False

10. The Olympic Stadium was later used as an underground bunker in World War II.

   ☐ True
   ☐ False

The New Deal

```
L  S  I  Y  M  Y  R  E  V  O  C  E  R  H  Z
A  V  V  Z  L  F  U  E  G  J  E  K  T  X  P
R  P  R  R  F  O  B  L  M  C  P  B  X  C  T
E  V  P  C  R  Q  Z  G  K  B  T  K  G  O  D
B  Z  G  K  H  Z  M  A  D  R  E  V  O  O  H
I  M  C  C  C  O  C  E  H  A  B  V  N  M  M
L  Y  T  I  R  U  C  E  S  L  A  I  C  O  S
B  Q  G  M  V  Y  I  U  V  R  E  L  I  E  F
X  G  C  J  F  A  V  L  V  R  C  I  K  Y  T
U  L  P  L  H  H  J  B  W  R  E  T  Z  X  T
M  R  O  F  E  R  W  P  F  M  V  S  C  Y  V
J  Q  R  O  R  I  N  P  K  X  K  C  S  T  Z
G  L  A  S  S  S  T  E  A  G  A  L  L  Q  M
S  M  A  R  G  O  R  P  M  R  A  F  Y  N  T
M  Z  R  S  T  U  A  R  T  C  H  A  S  E  Y
```

BLUE EAGLE	CCC	FARM PROGRAMS
GLASS-STEAGALL	HOOVER DAM	LIBERAL
RECOVERY	REFORM	RELIEF
SOCIAL SECURITY	STUART CHASE	WPA

Inventions that Blew People's Wigs

```
H  I  A  I  Y  I  V  N  Y  L  O  N  S  T  F
H  B  R  W  O  K  W  D  V  D  P  T  N  D  V
T  S  T  B  J  Z  H  P  R  B  A  P  K  U  B
R  A  D  A  R  U  I  H  E  B  R  W  O  G  A
R  Y  Q  S  J  S  T  O  P  Q  K  Y  D  N  L
X  V  S  S  Y  D  E  N  A  T  I  L  A  G  L
Z  P  Q  G  P  A  C  O  T  Y  N  I  C  D  P
I  K  O  U  G  F  H  G  H  M  G  A  H  W  O
D  O  P  I  Y  S  O  R  C  P  M  M  R  O  I
I  U  Q  T  P  J  C  A  T  K  E  R  O  Q  N
U  J  W  A  F  D  O  P  O  X  T  I  M  W  T
Z  Q  V  R  I  Z  L  H  C  Y  E  A  E  K  P
F  E  C  F  U  E  A  S  S  J  R  E  F  N  E
E  N  I  G  N  E  T  E  J  I  A  Q  R  W  N
E  I  K  O  O  C  E  S  U  O  H  L  L  O  T
```

AIRMAIL	BALLPOINT PEN	BASS GUITAR
JET ENGINE	KODACHROME	NYLONS
PARKING METER	PHONOGRAPH	RADAR
SCOTCH TAPE	TOLLHOUSE COOKIE	WHITE CHOCOLATE

Love the Grub

```
E U E B D M E S V C C Y N F M
E J S O R P X H P W P M V G Y
L S P M E A T L O A F P V T S
I X O I T M I W D G M L O E I
B L A C K B O T T O M P I E R
U T U D I L Z N X V I D M V P
J W R I T Z C R A C K E R S U
S M A C A N D C H E E S E B J
E R P R U N E P U D D I N G V
I X Q T E U O D Q X C R Z B Q
R T I I R Q F G O D T O H W U
R C R E A M E D C H I C K E N
E S T E K N A L B N I S G I P
H G M O C K A P P L E P I E A
C D A L A S Y N N U B H Q X B
```

BLACK BOTTOM PIE	BUNNY SALAD	CHERRIES JUBILEE
CREAMED CHICKEN	HOT DOG	MAC AND CHEESE
MEATLOAF	MOCK APPLE PIE	PIGS IN BLANKETS
PRUNE PUDDING	RITZ CRACKERS	SPAM

A Lincoln Buys...

```
S Y N R T C A T D X G T E L C
E S L Z A U A H B E M J K T A
Y L E L H Z L Z S N U Q A E R
E J B R W S E G N D F M S Y T
G N E L D Z Q K I T O G P T I
L S E O H S W U A A G Q G B R
A H O D Q D E B R B F Y N H E
S R E I P Q T A T L S R M W N
S X D B B L F W Y E A C X X O
E M O V I E P R O J E C T O R
S S L L O D O W T U T F Z U I
E Q E S R O H G N I K C O R E
A R Z E K M E N S S L A C K S
J W R V L W J C L L C O R Q N
W L T R I C Y C L E T R H M M
```

CAR TIRE	DRESS	END TABLE
EYEGLASSES	IRON	MEN'S SLACKS
MOVIE PROJECTOR	ROCKING HORSE	SHOES
TOY TRAINS	TRICYCLE	TWO DOLLS

Heard in the Pictures

Match the famous line to the correct movie title.

1. "I want to be alone. I just want to be alone."

□ A. *Song o' My Heart*
□ B. *Anna Christie*
□ C. *Anna Karenina*
□ D. *Grand Hotel*

2. "One morning, I shot an elephant in my pajamas. How he got into my pajamas, I don't know."

□ A. *Animal Crackers*
□ B. *A Day at the Races*
□ C. *Horse Feathers*
□ D. *The Music Box*

3. "Look! It's moving. It's alive. It's alive... It's alive, it's moving, it's alive, it's alive, it's alive, it's alive, IT'S ALIVE!"

□ A. *The Invisible Man*
□ B. *The Cat Creeps*
□ C. *The Mummy*
□ D. *Frankenstein*

4. "Elementary, my dear Watson. Purely elementary."

□ A. *Dinner at Eight*
□ B. *Angels with Dirty Faces*
□ C. *The Adventures of Sherlock Holmes*
□ D. *Bringing Up Baby*

5. "Look up slowly, Ann. That's it. You don't see anything. Now look higher. Still higher. Now you see it."

□ A. *Vampyr*
□ B. *King Kong*
□ C. *Dracula*
□ D. *The Old Dark House*

6. "Shapeley's the name—and that's the way I like 'em!"

□ A. *Platinum Blond*
□ B. *It Happened One Night*
□ C. *Mr. Deeds Goes to Town*
□ D. *Gilded Lily*

7. "I've a feeling we're not in Kansas anymore."

□ A. *The Wizard of Oz*
□ B. *Babes in Toyland*
□ C. *Gulliver's Travels*
□ D. *The Adventures of Robin Hood*

8. "Dad always used to say the only causes worth fighting for were the lost causes."

□ A. *You Can't Take it With You*
□ B. *Check and Double Check*
□ C. *Mr. Smith Goes to Washington*
□ D. *Hold Everything*

9. "Frankly, my dear, I don't give a damn."

□ A. *Gone With the Wind*
□ B. *The 39 Steps*
□ C. *Trouble in Paradise*
□ D. *The Grand Illusion*

10. "Magic mirror on the wall. Who is the fairest one of all?"

□ A. *The Little Princess*
□ B. *Snow White and the Seven Dwarfs*
□ C. *Scrooge*
□ D. *The Wizard of Oz*

1930s Trailblazers

```
Y  S  D  Z  T  Y  M  F  N  J  Y  W  X  G  E
G  M  N  N  Q  K  I  R  N  N  S  E  D  I  D
E  N  C  E  A  B  I  A  Q  A  T  R  H  C  O
L  A  Y  G  W  L  X  N  P  G  K  D  R  R  R
P  W  E  Q  G  O  N  C  P  A  R  D  W  A  T
M  T  A  F  H  Y  E  I  Y  E  Z  R  T  M  H
E  B  T  M  O  H  C  S  W  R  E  A  T  T  E
T  W  B  Y  U  A  H  T  S  D  Q  H  E  U  A
Y  Z  B  I  S  I  E  O  W  E  E  C  K  T  L
E  J  S  S  R  H  A  W  E  K  J  I  N  L  A
L  J  O  G  X  D  M  N  F  A  Z  R  U  U  N
R  H  C  O  J  N  S  S  P  Q  D  Q  L  A  G
I  K  O  T  G  A  N  E  C  R  E  K  P  E  E
H  Y  Z  C  J  G  A  N  Y  C  V  T  O  G  Z
S  N  D  Q  N  C  D  D  P  E  X  H  S  M  G
```

BIRDSEYE	DORTHEA LANGE	EDWIN LAND
FRANCIS TOWNSEND	GANDHI	JESSE OWENS
PAUL TUTMARC	PICASSO	PLUNKETT
REAGAN	RICHARD DREW	SHIRLEY TEMPLE

Swing That Music

```
D E E Y A W O L L A C U P O H
D R V D D O R S E Y C N F X X
B I R E L L A W S T A F U N Q
G A X S Z B B M E U J B D O X
V T S K V N E D A H O F N S D
F S E I W C N G G T A W A R E
X A X C E S N K W F D S L E N
E E L L A V Y D U R Q H R D R
Q O K B C W G M M V K A A N O
T I Z S A E O I W Y O M G E H
C C W J P E O P I H S P Y H A
J U L O K D D Z W U R T D S N
N H E N H G M T P A T O U R E
K F U I H Y A W W M E N J I L
N Z P U S S N Q C R O S B Y T
```

ASTAIRE	BASIE	BENNY GOODMAN
CALLOWAY	CROSBY	DORSEY
FATS WALLER	HAMPTON	HENDERSON
JUDY GARLAND	LENA HORNE	RUDY VALLÉE

Radio Legends

```
U  T  V  T  T  O  B  B  A  X  Y  O  Q  M  H
Z  P  Y  R  E  G  N  A  R  E  N  O  L  S  N
Q  A  P  W  N  F  B  U  W  Y  H  L  H  H  J
R  I  C  T  R  B  Q  G  Q  Q  T  S  T  E  L
V  A  B  Q  O  C  E  V  Z  P  R  I  N  R  B
H  Y  M  C  H  T  K  R  Y  N  V  H  A  L  D
A  N  D  Y  N  T  Y  O  Y  P  C  Y  A  O  S
U  H  O  C  E  C  O  S  T  E  L  L  O  C  J
D  U  K  E  E  L  L  I  N  G  T  O  N  K  C
B  L  N  T  R  Z  Y  F  S  Y  X  M  I  H  S
Z  A  E  W  G  T  L  D  N  Z  V  T  X  O  D
J  Q  L  I  U  W  Z  O  R  I  A  S  M  L  C
T  N  L  B  U  G  Q  T  U  D  O  A  J  M  Z
E  O  A  M  Q  V  M  W  B  Q  F  I  T  E  A
K  U  T  J  A  C  K  B  E  N  N  Y  I  S  Y
```

ABBOTT	ALLEN	AMOS
ANDY	BURNS	COSTELLO
DUKE ELLINGTON	FDR	GREEN HORNET
JACK BENNY	LONE RANGER	SHERLOCK HOLMES

34

Hot Stuff

```
W V R O M O J S G O O P J I F
D N P P L J F S A T I N R G K
A A F Q V N E C K A T T K T Q
N S V B K R D G Q O M T S T F
K D F E C Z O T L C O F K Z Y
L A G R D O R W W H S K B K O
E P W F I N A E Z C N V E C C
L R O I W L S E Q N Z Y W M A
E E G S I T L D D E H D O A Y
N D K S T I U S T R A M S R A
G L G Z M A Q C M T N P T G R
T U F L N V T K S I Y F N O I
H O P W T N X V B A Q J V N P
D H O L L Y W O O D I Q H O S
Y S Z R H F R Y J D A B S M F
```

ANKLE-LENGTH	BIAS CUT	FEDORAS
FRILLS	HOLLYWOOD	MONOGRAM
SATIN	SHOULDER PADS	SMART SUITS
TRENCH COAT	TWEED	V-NECK

The Hollywood Marriage

Match these famous Hollywood couples.

1. _____ Clark Gable   A. GRACIE ALLEN

2. _____ George Burns   B. MARY PICKFORD

3. _____ Greta Garbo   C. DOLORES READE

4. _____ Vivien Leigh   D. LEW AYERS

5. _____ Bob Hope   E. JOHN GILBERT

6. _____ Harpo Marx   F. VIRGINIA CHERRILL

7. _____ Ginger Rogers   G. CAROLE LOMBARD

8. _____ Cary Grant   H. MONA GREENBERG

9. _____ Douglas Fairbanks   I. SUSAN FLEMING

10. _____ Karl Malden   J. LAURENCE OLIVIER

What's Your Story, Morning Glory?

```
G R F A U L K N E R H T I S S
F N Q Y E T I M C N U T E P X
L D U T O L K I E N R E I E R
O V U S E S X T L X S M T A A
O Y B B D T X C O I T M S R L
W B M Q O E N H W Y O A I L D
A V G W B I E E S E N H R S O
I Y I M T N S L C L N L H B U
N O P N T B W L A L J L C U S
I K U K T E O P N U C E A C H
G L Y G A C M U R C C I H K U
R B L S F K L G X C Z H T D X
I N V Z E W R Q B M Y S A Z L
V B I C W G M J T U Q A G A E
U G B U G T A F R D D D A F Y
```

AGATHA CHRISTIE	ALDOUS HUXLEY	DASHIELL HAMMETT
DUBOIS	FAULKNER	HURSTON
MCCULLEY	MITCHELL	PEARL S. BUCK
STEINBECK	TOLKIEN	VIRGINIA WOOLF

Public Enemies

```
M  B  S  F  S  R  E  G  N  I  L  L  I  D  B
A  E  P  D  W  I  X  M  E  Y  R  B  C  Y  A
C  G  N  U  A  R  B  G  J  B  G  O  R  O  B
H  T  S  B  H  I  O  J  S  O  D  N  E  L  Y
I  T  V  B  S  M  O  H  B  W  D  N  K  F  F
N  O  B  O  D  G  H  U  L  E  H  I  R  Y  A
E  I  D  I  A  L  B  R  M  R  T  E  A  O  C
G  L  B  H  R  E  D  R  B  M  U  A  B  B  E
U  L  Q  T  B  D  Y  C  Q  A  C  N  A  Y  N
N  E  F  I  P  D  W  A  L  N  V  D  M  T  E
K  L  M  X  A  M  L  E  T  S  R  C  A  T  L
E  R  R  R  Z  X  U  V  L  U  G  L  M  E  S
L  A  B  L  E  J  D  Z  Q  L  A  Y  P  R  O
L  E  N  R  F  G  W  H  I  Z  D  D  A  P  N
Y  P  L  G  R  E  B  C  O  I  D  E  V  W  W
```

BABY FACE NELSON	BERGL	BIRDWELL
BONNIE AND CLYDE	BOWERMAN	BRADSHAWS
BRADY	DILLINGER	MA BARKER
MACHINE GUN KELLY	PEARL ELLIOTT	PRETTY BOY FLOYD

Oscar Is Born (1929)

```
V  N  V  W  G  D  J  F  L  M  X  Z  K  F  O
S  E  Y  A  H  N  E  L  E  H  G  F  A  R  S
X  J  V  H  U  I  G  M  O  S  O  R  E  E  H
G  A  B  L  E  W  Q  V  H  T  E  B  B  D  I
I  C  J  S  Q  E  P  L  A  W  Z  E  Z  R  R
S  M  D  N  X  H  M  C  E  F  X  T  G  I  L
M  O  I  N  U  T  Y  L  X  L  V  T  H  C  E
Q  Y  S  I  T  H  L  K  D  M  H  E  W  M  Y
G  C  N  U  H  T  X  K  S  V  P  D  R  A  T
E  A  E  F  O  I  J  K  R  B  T  A  D  R  E
J  R  Y  A  W  W  N  A  U  U  S  V  E  C  M
D  T  R  T  X  E  T  R  R  X  E  I  J  H  P
M  M  W  J  T  N  N  N  V  P  S  S  Q  O  L
S  Z  B  D  Y  O  L  L  K  N  A  R  F  W  E
A  J  F  C  W  G  F  L  G  C  R  C  M  J  G
```

BETTE DAVIS	CAPRA	DISNEY
FAREWELL TO ARMS	FRANK LLOYD	FREDRIC MARCH
GABLE	GONE WITH THE WIND	HELEN HAYES
HEPBURN	SHIRLEY TEMPLE	TRACY

Names as Cute as a Bug's Ear

```
O   E   R   S   I   E   O   S   Z   G   H   X   N   K   M
S   I   I   Z   Z   D   Y   H   T   O   R   O   D   U   A
U   S   G   A   D   S   H   I   R   L   E   Y   D   R   V
Z   W   I   L   L   I   A   M   K   C   C   T   O   U   I
O   I   Q   W   N   H   O   J   B   U   K   T   H   F   J
I   G   Z   T   H   W   N   S   L   G   R   E   L   C   M
D   X   X   N   Z   W   A   Z   R   N   F   B   F   A   Y
S   R   I   C   H   A   R   D   T   V   J   L   R   P   J
S   S   E   H   H   E   L   E   N   Z   X   Y   U   A   Y
T   E   X   D   L   B   Y   L   G   E   J   R   V   R   A
K   Q   L   R   U   Y   V   R   J   Y   A   C   S   O   J
A   S   Y   R   Y   V   D   Q   F   B   M   Z   J   B   R
M   A   R   G   A   R   E   T   R   N   E   W   M   E   R
D   D   T   I   D   H   Y   M   P   R   S   X   O   R   Q
K   J   V   T   S   E   C   O   P   S   L   N   L   T   O
```

BETTY	CHARLES	DOROTHY
HELEN	JAMES	JOHN
MARGARET	MARY	RICHARD
ROBERT	SHIRLEY	WILLIAM

The 1940s

Across

2 The type of bomb that was set off at Hiroshima and Nagasaki, which led to the surrender of Japan. (1945)

3 The United States enters World War II after this attack on December 7, 1941.

5 Canada and what other country participated in the internment of Japanese citizens in the fear they would become a security threat? (1942)

9 In addition to being the longest-serving First Lady, she was referred to as the "First Lady of the World" in tribute to her human rights achievements.

10 Fernwood Park race riot was a violent racial conflict instigated by white residents against Black residents in this city. (1947)

Down

1 This epic Civil War dramatic film starring Vivien Leigh and Clark Gable is released. (1940)

4 From 1945 to 1946, these trials were held to prosecute members of the Nazi Party for their participation in the Holocaust and other war crimes.

6 The first Captain America comic book was published and had the title character punching this villian on the cover. (1941)

7 This vehicle, formally called the "U.S. Army Truck, 1⁄4-ton, 4×4, Command Reconnaissance," began manufacture in 1941.

8 The Charter of the United Nations was signed by 50 countries at the war memorial and performing arts center in this city. (1945)

Battles of World War II

```
H X P X N I L R E B V D W R A
G H S I P D S G R Z O Z U P E
G S Z M V Z P U E Q K N S J S
Y Z N O R M A N D Y R Z T T E
J S H S M C Q T Z P A Q A F N
P Y E C Q X N M C A H G L N I
P C Q O T N R I E J K I I G P
F J Z W N N T S B Y W Y N X X
Z P O T W N L H O O I J G Q I
I D S Q A A M R J Q K U R A L
O V R L R O F I X Z O Q A F I
D H T O O Z M K D B P H D X H
V A C Y E A D S W W R G L E P
B U L G E N S M N G A P S Z B
B U K U R S K O E O S Y D U S
```

ATLANTIC	BERLIN	BULGE
CORAL SEA	IWO JIMA	KHARKOV
KURSK	MIDWAY	MOSCOW
NORMANDY	PHILIPPINE SEA	STALINGRAD

From Battlefield to Home

```
U F I F Q U J P F H Z L U M O
S Y N T H E T I C R U B B E R
O C U L E Q P U D I B M M N C
Q U R P J N P J N N H X E I L
H H G W M Z H I G X D I L A E
T G V T R O L O C J Z W G C V
N O I S L U P O R P T E J E U
R W E V V P E N I C I L L I N
R M I C R O W A V E O V E N S
E Y S C A Y L F E T Q Z A I E
Q P B Q D Y T D R N X W M G J
O G Q Y A R O T S I S N A R T
E E F D R N O I T A G I V A N
U Y J E R R Y C A N E R W Q U
J W Q P Q I I E S M M O V Y K
```

COLOR TV	ENIAC	JEEP
JERRYCAN	JET PROPULSION	MICROWAVE OVEN
NAVIGATION	PENICILLIN	RADAR
SYNTHETIC RUBBER	TRANSISTOR	VELCRO

Unsung Heroes of WWII

```
W  J  F  Q  S  R  A  F  X  W  Z  Q  W  Q  D
W  A  V  E  R  L  Y  W  O  O  D  S  O  N  X
Z  E  N  R  E  T  S  E  H  C  I  C  K  E  K
D  Z  Z  A  Q  P  G  U  A  Q  I  Q  A  M  Q
T  E  T  T  E  N  N  E  B  E  N  I  A  L  E
Y  E  I  I  C  H  I  K  U  W  A  Y  A  M  A
H  V  W  F  I  G  K  E  I  S  D  A  O  D  T
M  D  D  Y  M  W  D  L  M  F  I  K  C  G  T
A  K  W  L  E  V  O  L  Y  C  N  A  N  X  O
E  P  H  P  U  Z  P  H  T  W  D  H  X  T  E
K  S  U  S  A  N  A  H  N  C  U  D  D  Y  S
R  T  C  Y  E  L  D  A  R  B  Y  B  U  R  I
I  V  I  R  G  I  N  I  A  H  A  L  L  U  L
E  F  H  G  I  E  D  N  E  K  E  N  A  J  E
R  V  M  A  H  R  A  P  Y  R  N  E  H  K  C
```

CHESTER NEZ	ELAINE BENNETT	ELISE OTT
HENRY PARHAM	JANE KENDEIGH	MAE KRIER
NANCY LOVE	RUBY BRADLEY	SUSAN AHN CUDDY
VIRGINIA HALL	WAVERLY WOODSON	YEIICHI KUWAYAMA

Wartime Rationing

```
E Y J D H V K I A K I X Q G S
C H A K L F D C I F P R E G S
V Z J U E S E H A W I U D J J
Q G W O U O U E P T Y B R Q T
Z X E G L J T E F X I B E R E
K H A U H G O S V W H E T W A
U R V W W P N E G G S R T W V
F N E J M O L O R X C O U K J
K Q H Y L K B Q X O V M B N A
T K V Y L R O S F H J P J A V
H A N X H F U F N U Y X P J C
Q S E O H S E V R M Y Z G R C
N Z L M R E U H S I F Y T K J
K I Y G A S O L I N E I V Q Y
E B D Z M O P Q A Z O E N T D
```

BUTTER	CHEESE	COFFEE
EGGS	FISH	GASOLINE
MEAT	NYLONS	RUBBER
SHOES	SUGAR	TEA

It Takes Moxie!

Choose the celebrity who correctly fits the description.

1. This song recorded by Bing Crosby was the number one selling song of the decade.

   □ A. "Because of You"
   □ B. "Saturday Night"
   □ C. "White Christmas"
   □ D. "Blue Skies"

2. This famous comedian had a career of almost 80 years and hosted the Academy Awards 19 times.

   □ A. Bob Hope
   □ B. Lucille Ball
   □ C. Bud Abbott
   □ D. Charlie Chaplin

3. This leading lady was named by the American Film Institute the greatest female star of classic Hollywood cinema.

   □ A. Ava Gardner
   □ B. Vivien Leigh
   □ C. Hedy Lamarr
   □ D. Katharine Hepburn

4. This professional baseball player became the first African American in Major League Baseball, breaking the color barrier.

   □ A. Willie Mays
   □ B. Jackie Robinson
   □ C. Hank Aaron
   □ D. Monte Irvin

5. This dancer dominated the Hollywood scene, with one of his most famous performances being in the movie *Anchors Aweigh*.

   □ A. Gene Kelly
   □ B. Fred Astaire
   □ C. Donald O'Connor
   □ D. Fred Rogers

6. This comedy duo were responsible for creating the famous routine "Who's on First?"

   □ A. Laurel and Hardy
   □ B. Smothers Brothers
   □ C. Burns and Allen
   □ D. Abbott and Costello

7. This boxer was the world heavyweight champion from 1937 to 1949 and was nicknamed the Brown Bomber.

   □ A. Sugar Ray Robinson
   □ B. Joe Louis
   □ C. Jack Dempsey
   □ D. Rocky Graziano

8. Nicknamed The Singing Cowboy, this singer's signature song was "Back in the Saddle Again."

   □ A. Roy Rogers
   □ B. Floyd Tillman
   □ C. Gene Autry
   □ D. Hank Williams

9. This woman won the high jump at the 1948 Olympics, becoming the first Black woman to receive an Olympic gold medal.

   □ A. Alice Coachman
   □ B. Althea Gibson
   □ C. Ora Washington
   □ D. Marcenia Lyle Alberga

10. Known as the First Lady of Song, this jazz singer sold over 40 million albums.

   □ A. Bessie Smith
   □ B. Sarah Vaughan
   □ C. Ella Fitzgerald
   □ D. Billie Holiday

The Cat's Pajamas

```
M  K  X  W  H  V  I  G  M  J  C  E  A  Q  X
A  Z  P  I  U  K  U  P  B  R  H  E  W  N  N
G  E  M  D  H  N  S  C  Y  P  Y  J  C  R  D
I  L  D  H  T  E  S  R  O  T  C  E  R  E  D
C  B  U  T  C  M  C  D  O  H  M  E  S  A  Y
E  B  B  I  Q  V  I  S  E  E  H  C  R  A  P
I  A  T  D  J  N  M  W  B  L  Z  O  L  G  C
G  R  L  D  T  R  A  D  I  O  F  L  Y  E  R
H  C  L  L  V  S  I  L  L  Y  P  U  T  T  Y
T  S  U  Y  L  I  N  C  O  L  N  L  O  G  S
B  X  D  W  V  U  K  U  P  Y  K  N  I  L  S
A  K  O  I  D  A  R  E  T  I  M  Y  N  I  T
L  X  G  N  H  N  Q  C  J  I  W  K  B  P  V
L  C  A  K  L  F  R  I  S  B  E  E  F  S  Z
S  B  U  S  P  R  A  G  G  E  D  Y  A  N  N
```

ERECTOR SET	FRISBEE	LINCOLN LOGS
MAGIC EIGHT BALL	PARCHEESI	RADIO FLYER
RAGGEDY ANN	SCRABBLE	SILLY PUTTY
SLINKY	TIDDLYWINKS	TINYMITE RADIO

All-American Girls Baseball League

```
U C W A J M F L F N B R X K Q
Y L R G Y E K E I T T O D C L
V A A G F T L B G A A C Z I J
N I C S A V L H P R A K U N O
L R I R Y J Z J O O W F P U A
L E N E E Q N X B L K O T T N
M S E Y D L V R P Q U R E T N
D C B A A V P Y S I W D N R E
B H E L N N P N M R T P T O W
Z I L P C Y Z R I C O E E H I
Y L L D E Z J G D C F A A S N
J L E I R F L L W S O C M Z T
X A S A G E F G E G C H S K E
U C L P Y X B I S E E E P R R
E E S C S F W J T N J S N M Q
```

Cooking with Less

```
F X S E N C A B B A G E T F V
S S E I E V E W P D E Q T S I
F D I P K B T Q E M T N U E N
A R K N C J K S D E T E R T E
O A O E I O J B O Y O T D T G
L N O T H N D P B T L Y K E A
R N C L C E D V J N R T B U R
E I S O D Z G O P R A I H Q C
V L E O E O H B U O H Z U O A
I A S W I R O C I Q C K X R K
L M S D L F R Q U A M P Y C E
Q I A R L K X Y D R U J I A J
P N L O E U D H Q P L C D E B
N A O L J U D V X C P K S P R
K B M N F A O L T A E M Q D D
```

ANIMAL INNARDS	CABBAGE	CURRY
FROZEN OJ	JELLIED CHICKEN	LIVER LOAF
LORD WOOLTEN PIE	MEATLOAF	MOLASSES COOKIES
PEA CROQUETTES	PLUM CHARLOTTE	VINEGAR CAKE

Deadly Disasters

```
T G R R S Y N Q S D Z D X W L
W D N A L S I N A I T U E L A
P O C E N T R A L I A M I N E
O F I B O M I Q J I F F M A J
R K F W G J E H R Q Y R M K C
T C O C O A N U T G R O V E P
C H C A H K J W S N I G G I H
H R E I Z A L G O C G O J H W
I S U C R I C D R O F T R A H
C Q S E I L K R A D D S Z Q Z
A Y T I C S A X E T R W C U U
G I S L Y N D F E S W C A V T
O T C J D R O F K N A R F R K
H N B U L C M H T Y H R K O D
H E A R M I S T I C E D A Y H
```

ALEUTIAN ISLAND	ARMISTICE DAY	CENTRALIA MINE
COCOANUT GROVE	FRANKFORD JCT.	GLAZIER
HARTFORD CIRCUS	HIGGINS	PORT CHICAGO
RHYTHM CLUB	TEXAS CITY	WOODWARD

In the Mouse House

True or false?

1. *Pinocchio* won no academy awards the year it was released.

☐ *True*
☐ *False*

2. *Dumbo* is the only Disney film where the main character does not speak.

☐ *True*
☐ *False*

3. During World War II, Walt Disney threw himself into making government propaganda films.

☐ *True*
☐ *False*

4. *Fantasia* was the first commercial film to be shown in stereophonic sound.

☐ *True*
☐ *False*

5. In the movie *Bambi*, one of Bambi's best friends is a rabbit named Harvey.

☐ *True*
☐ *False*

6. The Golden Age of Disney (1937–1942) is often referred to as "The Tar and Sugar Era" for being both dark and upbeat.

☐ *True*
☐ *False*

7. After Pearl Harbor, half of the Walt Disney studio was requisitioned as a base for antiaircraft troops.

☐ *True*
☐ *False*

8. Actor Béla Lugosi posed for the *Fantasia* animators as inspiration for the "Night on Bald Mountain" sequence.

☐ *True*
☐ *False*

9. For his role as Uncle Remus in *Song of the South*, James Baskett was the first Black man to be honored at the Academy Awards.

☐ *True*
☐ *False*

10. *The Adventures of Ichabod* and *The Three Caballeros* were released together in a packaged film.

☐ *True*
☐ *False*

Swell Duds

```
T R I H S N W O D N O T T U B
M R O F I N U Y R A T I L I M
U X Q Q T R I K S E N I L A C
G N I H T O L C Y T I L I T U
N X T B O R K H I V I X N K O
R F P F D E T S I A W H G I H
E G H Q M I H R G N N L Z S B
K R S E I T E D I W V X S G M
V I C T O R Y S U I T S L E J
M N H D I L E L C K Y O L L S
S G N I K C O T S D E M A E S
F O D W R A P D R E S S R D W
L Q C E T H H N B O L X E I M
A H Z N A P L Y W W K S V W Y
Z O O T S U I T J O L H O O S
```

A-LINE SKIRT	BUTTON-DOWN SHIRT	HIGH-WAISTED
MILITARY UNIFORM	OVERALLS	SEAMED STOCKINGS
UTILITY CLOTHING	VICTORY SUITS	WIDE LEGS
WIDE TIES	WRAP DRESS	ZOOT SUIT

Names for B.Y.T.s (Bright Young Things)

```
P U P X N K J P U B W R Y B N
D P A D X O D R K C Q R N A U
C D R A H C I R W I A P I L Z
O I D N Z A S J N M R C I S E
F U N L O N Y E A Z I H I O D
X J A M E S X A K R I Q G T I
A A S M R Z L A T E J N H T V
N W C L Y A M A I L L I W J A
P Z T P C B P V Z F K O S E D
K Q S R W A U F Z H Y N Y P L
I W W V E R L I N D A A Z W O
K B D T J B K X W A L G I Z R
D W V Y E A O Y P J B Z I E A
O L W C N R Y R Y F P U E B C
V M R J K A O A V Y R C Z S O
```

BARBARA	CAROL	DAVID
JAMES	JOHN	LINDA
MARY	PATRICIA	RICHARD
ROBERT	SANDRA	WILLIAM

Film Noir

```
D F Y N D E T O U R E Q F T F
O T T W T B Z M U T R T S S F
U B I H M L Y A T O I H M A C
B U C I A Z A L P U H E W P T
L O E T Q H L T X C R B Z E G
E D H E G F L E S H O I F H M
I A T H D S E S I O F G P T T
N F F E C M U E T F N S F F F
D O O A J H Z F C E U L V O B
E W Y T M W B A I V G E L T O
M O R D A R B L V I S E Q U Z
N D C T D I R C O L I P D O D
I A K J L E L O X L H S M N W
T H C D I M L N R W T K V G U
Y S Y I G S R E L L I K E H T
```

CRY OF THE CITY	DETOUR	DOUBLE INDEMNITY
GILDA	MALTESE FALCON	OUT OF THE PAST
SHADOW OF A DOUBT	THE BIG SLEEP	THE KILLERS
THIS GUN FOR HIRE	TOUCH OF EVIL	WHITE HEAT

Postwar Boom

```
E F T Y P F N S S N X S D Y I
W F Q H P X H P L O Q A W L E
F Y B C U Q C L P I N V O I U
C P S Y B J A Z O T J I R H W
R J E X L E R L U A L N K E U
O U I G I W S H Z C N G I A B
V Z B Q C S A I O U C S N L A
S H A E P Y L B X D L O G T O
P Q B G E S E Y M E M P W H X
S A V I N G S B O N D S O C X
H R F B S Q C E J W R P M A Z
N I Z I I J E D Q Q O N E R J
S H O L O X P K R S L I N E O
M U U L N F U W O L N S V P B
S E C N A I L P P A I O M F S
```

APPLIANCES	BABIES	CAR SALES
EDUCATION	FH LOANS	GI BILL
HEALTHCARE	JOBS	PUBLIC PENSION
SAVINGS	SAVINGS BONDS	WORKING WOMEN

Gobbledygook

Match the 1940s slang words with their meaning.

1. _____ Jive Bomber

2. _____ Dead Hoofer

3. _____ Eager Beaver

4. _____ Fuddy-Duddy

5. _____ Chrome Dome

6. _____ Armored Heifer

7. _____ Khaki Wacky

8. _____ Cheaters

9. _____ Anchor Cranker

10. _____ Motorized Freckles

11. _____ Snap Your Cap

12. _____ Hen Fruit

A. *SOMEONE WHO IS OVEREXCITED*

B. *AN OLD-FASHIONED PERSON*

C. *BOY CRAZY*

D. *A GOOD DANCER*

E. *SMALL INSECTS*

F. *EGGS*

G. *CANNED MILK*

H. *A BAD DANCER*

I. *TO GET ANGRY*

J. *A SAILOR*

K. *A BALD GUY*

L. *SUNGLASSES*

1940s Trailblazers

```
Y  W  X  W  S  K  E  S  U  Y  V  R  X  W  C
Z  S  E  S  O  M  A  M  D  N  A  R  G  M  H
L  J  W  T  J  A  C  K  K  I  R  B  Y  L  A
D  L  A  R  E  G  Z  T  I  F  A  L  L  E  R
H  R  I  C  H  A  R  D  W  R  I  G  H  T  L
V  G  U  E  A  R  L  T  U  P  P  E  R  V  I
H  A  T  T  I  E  M  C  D  A  N  I  E  L  E
S  M  A  I  L  L  I  W  A  L  L  I  M  A  C
F  O  U  R  Z  H  X  L  A  N  V  G  C  M  H
B  X  A  R  T  A  N  I  S  C  O  I  G  T  A
U  M  A  R  T  H  A  G  R  A  H  A  M  D  P
N  R  L  K  Z  V  H  Z  K  D  R  E  R  I  L
E  D  W  I  L  L  A  R  D  L  I  B  B  Y  I
X  E  V  M  V  W  S  W  O  F  B  P  C  M  N
G  J  S  I  V  A  D  N  I  M  A  J  N  E  B
```

BENJAMIN DAVIS	**CAMILLA WILLIAMS**	**CHARLIE CHAPLIN**
EARL TUPPER	**ELLA FITZGERALD**	**GRANDMA MOSES**
HATTIE MCDANIEL	**JACK KIRBY**	**MARTHA GRAHAM**
RICHARD WRIGHT	**SINATRA**	**WILLARD LIBBY**

Dr. Spock Is In

```
Z P E D I A T R I C I A N C H
E W U F R E U D Z G V B X X K
V T C N I T S N I T S U R T W
O M S Y W X I G I Z W F H I S
L E T C O M M O N S E N S E T
D I N D U L G E B A B I E S N
E O Z S S T N E R A P R J E
E F L E X I B I L I T Y M S L
N U Q L Q J W F J K F I C O A
S D E E N L A N O I T O M E T
E Q T R D W N B L I O A S Q N
I J X X J Q C M N Q L N L Z R
B D G F A T H E R Y J R M S O
A W A I T T H I N G S O U T B
B O W W O X B A A D C T R J X
```

BABIES NEED LOVE	BORN TALENTS	COMMON SENSE
EMOTIONAL NEEDS	FATHER	FLEXIBILITY
FREUD	INDULGE BABIES	PARENTS
PEDIATRICIAN	TRUST INSTINCT	WAIT THINGS OUT

Women's Work

```
M I W Q Z P L U M B E R F N X
O M E C H A N I C D P I A N R
E H I E L N D M N Z O W C I S
B R E E N I G N E U S V T S K
R I V E T E R L D B T R O P M
O S V W I U E S R A M E R R R
P B B Z Q Z V E A N A D Y O M
T J W W A F I A W K S L W C B
V Q C L L C R M D T T I O E L
B F Y P Z Q D S I E E U R S N
X T E X O U K T A L R B K R Q
G T P N A H N R R L S P E U X
N X O E T X A E R E H I R N U
Z A U W E D T S I R I H M G M
F A V H C U F S A S K S L U S
```

AIR-RAID WARDEN	BANK TELLERS	ENGINEER
FACTORY WORKER	MECHANIC	NURSE CORPS
PLUMBER	POSTMASTERS	RIVETER
SEAMSTRESS	SHIP BUILDER	TANK DRIVER

Big Bands to Bebop

```
L E P B N E I C D W C M A P M
C X N A U M T H I G U I R A P
Q S Z W O F B A Z L N L T N V
A E T N S E L R Z E A E A D I
R L K G L B Q L Y N A S N R Q
T R G P L M D I G N X D I E N
I A P C I B D E I M X A S W G
E H U X W P K P L I S V G S W
S C G D B Z X A L L D I W S B
H Y H B O T L R E L S S P I V
A A C K B M F K S E Q E B S N
W R J G F P O E P R X E B T M
L M H K U I E R I E Y N Q E F
I L A W R E N C E W E L K R N
B I L L I E H O L I D A Y S J
```

ANDREWS SISTERS	ARTIE SHAW	BILLIE HOLIDAY
BOB WILLS	CHARLIE PARKER	DIZZY GILLESPIE
GLENN MILLER	LAWRENCE WELK	MILES DAVIS
MONK	RAY CHARLES	SINATRA

The 1950s

Across

4 U.S. senator who led an anticommunist campaign.

6 The Soviet Union launches this artificial Earth satellite, sparking the Space Race. (1957)

7 The modern civil rights movement began as the Supreme Court ruled the ___ of public schools to be unconstitutional. (1954)

8 Nicknamed the Father of Rock and Roll, Chuck Berry releases this groundbreaking rock and roll song. (1955)

10 Also known as the Forgotten War, the U.S. entered this war to fight against the spread of international communism. (1950)

Down

1 The last territory to become a U.S. state. (1959)

2 The world's first thermonuclear weapon, detonated by the U.S. (1952)

3 Construction for this highway system was authorized by the Federal Highway Act of 1956.

5 In the midst of the second Red Scare, this couple was convicted of and executed for espionage. (1953)

9 This crisis was the first application of the Eisenhower Doctrine. (1958)

Out of This World

```
F  H  A  A  A  K  I  A  L  X  F  S  C  P  K
Y  Y  N  C  C  D  B  T  C  E  Z  A  V  I  G
D  L  Z  D  Z  A  R  S  S  C  J  B  S  W  H
G  D  B  A  S  A  N  P  U  A  J  L  P  D  H
J  A  I  X  X  L  C  U  T  P  U  E  A  O  W
K  N  G  S  E  S  Y  T  J  E  W  A  C  H  G
Q  N  J  P  C  U  W  N  M  C  A  N  E  P  V
V  H  O  Y  M  O  O  I  P  A  X  D  R  G  N
W  R  E  X  A  R  V  K  I  N  B  B  A  T  S
X  M  P  A  T  X  Z  E  I  A  W  A  C  A  B
T  U  X  K  A  H  B  C  R  V  Q  K  E  N  Y
Y  R  U  C  R  E  M  A  D  E  V  E  T  B  V
U  P  U  M  U  J  G  X  D  R  U  R  M  M  R
J  N  O  V  Y  W  L  N  D  A  H  K  L  D  D
P  U  H  U  T  X  I  G  W  L  O  U  S  S  R
```

ABLE AND BAKER	BIG JOE	CAPE CANAVERAL
DISCOVER	LAIKA	MERCURY
NACA	NASA	SPACE RACE
SPUTNIK	TYURATAM	USSR

Sports Legends

```
B Z M K T U X L M G M H W C N
T X F C S R L Y N C U N L O A
U J K C B V W A E C S F N R G
S A N D Y K O U F A X O Y I O
W L H T B J R G Y Q S F B N H
H M H D R U Z I X B F O Q O N
B A B E D I D R I K S O N T E
Y R I N C W L G X Q Q G V T B
M U Y A R R A G U S K Y E U O
R S Y A M E I L L I W E P B L
V E K C H M A H A R G O T T O
M Q B T R E T S I N N A B X S
U J L N L Y O N A I C R A M J
P A T T Y B E R G S V H R N U
S J M I C K E Y M A N T L E T
```

ALTHEA GIBSON	BABE DIDRIKSON	BANNISTER
BEN HOGAN	BUTTON	MARCIANO
MICKEY MANTLE	OTTO GRAHAM	PATTY BERG
SANDY KOUFAX	SUGAR RAY	WILLIE MAYS

The Red Scare

```
S  E  I  G  N  I  R  R  E  H  D  E  R  X  F
N  P  A  N  I  A  T  R  U  C  N  O  R  I  W
G  E  N  E  S  P  I  O  N  A  G  E  E  M  W
W  X  T  P  C  Z  L  E  O  J  O  V  V  B  A
C  X  I  K  C  O  L  D  W  A  R  W  O  O  R
G  R  C  V  P  A  F  B  O  A  C  N  O  L  R
V  E  O  F  J  Y  L  D  A  M  T  D  H  Q  E
S  Y  M  P  A  T  H  I  Z  E  R  S  R  Z  N
G  P  M  P  R  O  P  A  G  A  N  D  A  D  C
K  Y  U  R  G  P  X  V  V  X  Y  G  G  S  O
R  F  N  C  Y  H  T  R  A  C  C  M  D  R  U
L  J  I  S  S  I  H  R  E  G  L  A  E  X  R
D  I  S  M  S  N  R  W  A  O  B  V  J  F  T
Q  E  M  I  S  G  R  E  B  N  E  S  O  R  D
C  Y  Z  V  P  W  F  R  D  J  S  G  L  C  Z
```

ALGER HISS	ANTICOMMUNISM	COLD WAR
ESPIONAGE	IRON CURTAIN	J. EDGAR HOOVER
MCCARTHY	PROPAGANDA	RED HERRING
ROSENBERGS	SYMPATHIZERS	WARREN COURT

Suburbia

```
P M D S L E T S A P A E Z K O
C J Z A A G N O J H A M E E R
A D R P F M Z G J F S D F Q P
R A I S E D R A N C H M E O I
C Q A R Z S S Q E A O U Q T H
U W J J E R L I N O L E U M S
L F T W F A Y V B C Z A G X R
T K W W D B O C R Z I O S H E
U K X Q P E I I I L U N B M N
R S L L A M G N I P P O H S W
E M O H O O C S B Z G C P B O
P N P N J H B K L J Q U L A E
W W O E H I G H W A Y A C T M
S C N W N W O T T I V E L Z O
E B C O N F O R M I T Y G H H
```

CAR CULTURE	CONFORMITY	ECONOMIC BOOM
HIGHWAY ACT	HOME BARS	HOME OWNERSHIP
LEVITTOWN	LINOLEUM	MAHJONG
PASTELS	RAISED RANCH	SHOPPING MALLS

Match Books and Hot Authors

Match the 1950s best-selling book with its author.

1. _____ *The Catcher in the Rye*   A. JACK KEROUAC

2. _____ *The Cat in the Hat*   B. RALPH ELLISON

3. _____ *Fahrenheit 451*   C. AYN RAND

4. _____ *On the Road*   D. J. D. SALINGER

5. _____ *Invisible Man*   E. J. R. R. TOLKIEN

6. _____ *Atlas Shrugged*   F. RAY BRADBURY

7. _____ *The Lord of the Rings*   G. RACHEL CARSON

8. _____ *Doctor Zhivago*   H. DR. SEUSS

9. _____ *The Sea around Us*   I. WILLIAM GOLDING

10. _____ *Lord of the Flies*   J. BORIS PASTERNAK

Civil Rights

```
L B D Z L T P W C Q Z X G E S
Q J O R O Y W I L K I N S X R
Y L H K V J X I R I I S R O E
J M L K S T E C T W E E S H V
M E K C E D N C S E V A J W E
E I L C G V E I U B P L S B R
Z C X I R P Z E V A B A N W A
U R O B E S O N R L Y F N K G
J L D T G A D K S P O Q Y U D
B P C A A N S K F B E C Q W E
L M D Y T Q I T S T Q W S X M
D C I V I L R I G H T S A C T
U F T T O C Y O B S U B H I D
R F F M N N I P I S K G A Y P
E H M O L I T T L E R O C K Y
```

BUS BOYCOTT	CIVIL RIGHTS ACT	COLVIN
LITTLE ROCK	MEDGAR EVERS	MLK
NAACP	ROBESON	ROSA PARKS
ROY WILKINS	SCLC	SEGREGATION

Elvis

```
G X H G L Z B F E J X N J F G
P N E U H M R Y H D Q T D O P
T F A R D Y M R A K U Q D M R
K R R B A C Q Q C T A D L B I
D Q T S D R O C E R N U S N S
D X B R V A D N D U P V H U C
R E R X G T B K O V N C F T I
T H E K I N G H O V I L E E L
A V A I D O N T B E C R U E L
J A K R D Z S I H P M E M E A
M W H S M K X I V R R H U O J
E F O V R K J H C I W D N A S
T Y T J I H R O C K N R O L L
W B E T C X D N A L E C A R G
L N L O V E M E T E N D E R C
```

ARMY DRAFT	DON'T BE CRUEL	GRACELAND
HEARTBREAK HOTEL	HOUND DOG	LOVE ME TENDER
MEMPHIS	PRISCILLA	ROCK 'N' ROLL
SANDWICH	SUN RECORDS	THE KING

Drive-In Diner

```
P H A M B U R G E R K J X D G
P S B U I F J B N G S F C T S
F N E K C I H C D E I R F T M
A B A P P L E P I E W E L K X
L A J W B M H R S U Z A M V B
O E U K P O F M A C M D U A K
P Y M X T H B X H H V N I H P
F C Q D C I M Z L K O U T S U
F X O N I O N R I N G S W U I
Z G E Q A M L X O Z H F Z M E
S R G R I L L E D C H E E S E
F T D A C H I P S R F P M F O
E U L V L R Q C H B J F C T R
W O M I L K S H A K E N I C F
C H C I L S F U T O J U I V D
```

APPLE PIE	CHIPS	COLA
FRENCH FRIES	FRIED CHICKEN	GRILLED CHEESE
HAMBURGER	HOT DOG	MALTS
MILK SHAKE	ONION RINGS	SUNDAE

Station Wagon Adventures

```
Z Z Q S P N D A M P P N F C E
D C I T Y I A O G U V M Y H E
N W X O N A Y N B P B P F C R
A Z P R E G T S U K R C I A T
L I B Y L A O O D E G L D E A
E M H L O R N P S X O Y L B U
N V T A P A A S O Q Z Q E D H
I B X N H F G D V U V G W N S
R V B D T A X G L O J S I A O
A C M D R L W Q L Z Z Q L L J
M J N D O L O C F O I K D H L
T H E Q N S N U T E N E P G X
J N D I S N E Y L A N D X I M
S E R O M H S U R T M K P H J
D R I V E T H R U T R E E V B
```

CYPRESS GARDENS	**DAYTONA**	**DISNEYLAND**
DRIVE-THRU TREE	**HIGHLAND BEACH**	**IDLEWILD**
JOSHUA TREE	**MARINELAND**	**MT. RUSHMORE**
NIAGARA FALLS	**NORTH POLE NY**	**STORY LAND**

How Much Bread?

Choose the correct cost in the 1950s for the item listed.

1. A can of Campbell's Tomato Soup

   ☐ A. $0.5
   ☐ B. $0.10
   ☐ C. $1.00
   ☐ D. $1.25

2. A house

   ☐ A. $1,200
   ☐ B. $5,400
   ☐ C. $7,100
   ☐ D. $9,100

3. A Ford car

   ☐ A. $750
   ☐ B. $1,325
   ☐ C. $1,855
   ☐ D. $2,175

4. A slinky toy

   ☐ A. $0.50
   ☐ B. $1.00
   ☐ C. $3.00
   ☐ D. $7.00

5. A television

   ☐ A. $100
   ☐ B. $250
   ☐ C. $450
   ☐ D. $600

6. A gallon of milk

   ☐ A. $0.92
   ☐ B. $2.73
   ☐ C. $5.00
   ☐ D. $6.25

7. A gallon of gas

   ☐ A. $0.30
   ☐ B. $1.25
   ☐ C. $4.75
   ☐ D. $6.00

8. A loaf of bread

   ☐ A. $0.05
   ☐ B. $0.20
   ☐ C. $2.00
   ☐ D. $4.50

9. A Barbie doll

   ☐ A. $3.00
   ☐ B. $8.00
   ☐ C. $12.00
   ☐ D. $16.00

10. A private college tuition for a year

   ☐ A. $100
   ☐ B. $235
   ☐ C. $500
   ☐ D. $835

Raise the Curtain

```
T S L L O D D N A S Y U G C Z
X R A I S I N I N T H E S U N
A N Z E E T N T Y C A N I L P
R I O L H H W O R I R Y J O Z
T T L B W E I J O F R D H E O
H R L I P K U U T I Y A O S Q
U A A C X I G H S C B L Y S Z
R M H U N N N E E A E R L E C
M Y A R J G C H D P L I V R X
I R T C Q A P P I H A A R C H
L A I X V N Y R S T F F G O Z
L M N Q V D U P T U O Y Y Y P
E K A W K I M Z S O N M I F N
R X U K E N R F E S T Y F A W
C X J X A N P Y W C E H R K C
```

ARTHUR MILLER	CRUCIBLE	GUYS AND DOLLS
HARRY BELAFONTE	JUANITA HALL	LOESSER
MARY MARTIN	MY FAIR LADY	RAISIN IN THE SUN
SOUTH PACIFIC	THE KING AND I	WEST SIDE STORY

1950s Trailblazers

```
S J Q K K L A S S A N O J C T
K A W Y A W O R R A G E V A D
O C A L S B G X P M F V M P L
O K T F I G H B M I Y W K T U
R I S S W Z G S A L R M J A C
B E O N E O G Q R E R X R I I
N R N R L B C X Y S E E Y N L
Y O A O I G Y G J D B R R K L
L B N S R O W I A A K A S A E
O I D A A P V K C V C L J N B
D N C P H V D V K I U D A G A
N S R A S K V A S S H S K A L
E O I R I W X U O D C H E R L
W N C K P R F Q N V C A H O V
G H K S C O N N C Y F W I O G
```

CAPTAIN KANGAROO	CHUCK BERRY	DAVE GARROWAY
GWENDOLYN BROOKS	JACKIE ROBINSON	JONAS SALK
LUCILLE BALL	MARY JACKSON	MILES DAVIS
ROSA PARKS	SHARI LEWIS	WATSON AND CRICK

On the Jukebox

```
K G K I F P L A T T E R S T L
Q N B L F C W I U R V X Z T A
W R A M N B E R R Y B N N E R
A X H R I P C L I N E K V N P
F Q U C H V L Y F A B I A N U
P H V E A C P E G G Y L E E C
Q A P C S B O Q W O S A O B T
J Z G I Q Z Z C Y V M I T Y J
D Q V E E K I Z X V U O W N B
Y L L O H V C G D L O A C O V
E Z S J H H W N W G L E R T L
L K Q U D S V A C F G O K X R
V Z W I D S B V O X E B N Q M
Q I F H O M U M L W X Z N B B
L S D I Q Q O X E F Y Z E M V
```

BERRY	CLINE	COCHRAN
COLE	COMO	ELVIS
FABIAN	HOLLY	PAGE
PEGGY LEE	PLATTERS	TONY BENNETT

74

On the Marquee

```
G H B X V N T Y K C N A N H H
D B E N H U R C Q Q O M A K L
A M E D E C P G H M Q E M Y Z
G R A C E K E L L Y G R G H Y
A N V L A U D B A J A I R P U
L R J R R C V E O O R C E X L
L U D I D P Z Q R S Y A B M B
A B I V H H S E B E C N D O R
B P V E S K B I O F O I I L Y
O E T R A G O B L E O N R D N
U H P K Y N T T I R P P G H N
T J D W Z F Q B C R E A N H E
E Y M A Z J P G N E R R I I R
V Q J I D R V T Y R C I V M A
E M L L I G I G A Y Y S J O Y
```

ALL ABOUT EVE	AMERICAN IN PARIS	BEN-HUR
BOGART	GARY COOPER	GIGI
GRACE KELLY	HEPBURN	INGRID BERGMAN
JOSÉ FERRER	RIVER KWAI	YUL BRYNNER

Madison Avenue

Match the popular '50s slogan with its product.

1. ___ Melts in your mouth, not in your hand.   *A. JELL-O*

2. ___ They're gr-r-reat!   *B. CAMPBELL'S SOUP*

3. ___ Have you had your soup today?   *C. M&Ms*

4. ___ Double your pleasure, double your fun.   *D. BRYLCREEM*

5. ___ Nothin says lovin' like somethin' from the oven.   *E. BUDWEISER*

6. ___ There's always room for ____.   *F. ALMOND JOY/MOUNDS*

7. ___ Noon, at last.   *G. DOUBLEMINT GUM*

8. ___ See the USA in your ____.   *H. CHEVROLET*

9. ___ A little dab'll do ya.   *I. KELLOGG'S FROSTED FLAKES*

10. ___ Sometimes you feel like a nut, sometimes you don't.   *J. PILLSBURY*

Little Baby Boomer Names

```
A  G  M  K  E  U  J  H  G  X  M  E  G  T  H
Y  K  I  J  I  M  A  G  K  Z  B  N  B  L  O
D  I  H  W  T  X  M  A  K  S  B  L  H  C  P
A  G  K  F  C  I  E  X  B  P  M  L  T  O  N
V  Q  I  C  U  H  S  Y  W  Z  U  E  Q  C  J
I  F  X  Y  R  X  R  U  L  V  L  E  N  O  H
D  S  Z  R  H  A  R  O  B  E  D  W  V  R  E
D  I  D  P  M  E  Y  O  V  N  A  F  F  P  S
W  I  L  L  I  A  M  D  M  C  K  H  O  J  M
G  N  G  N  A  S  U  S  N  S  S  V  C  O  P
A  P  P  H  A  R  A  B  R  A  B  D  P  I  D
D  N  T  I  Y  F  L  Q  S  L  J  P  I  L  M
N  P  A  T  R  I  C  I  A  Q  S  X  G  G  P
I  J  N  N  P  S  T  R  E  B  O  R  N  V  C
L  M  P  U  P  I  J  U  T  L  M  W  G  F  T
```

BARBARA	DAVID	DEBORAH
JAMES	JOHN	LINDA
MARY	MICHAEL	PATRICIA
ROBERT	SUSAN	WILLIAM

Cruisin'

```
P L A V T Q J S H F N Z E Z J
C H Y V G X K H L E S D E E N
C I X B I A E C R B Y M A U Y
D S R Q I E L T E E B W V L D
R D B S R Z F O D A R O D L E
Z N E B A Q R K R A L Y K S U
W R D D G I A Y R U F E K Y U
V J F P A I E V Z A H D V I Y
H H Y L L T I S L Y U E J W D
N T E L A I R E P M I S P B U
N B F E D C Z U F Y J X U C X
E T E H C Q N A G Q D Z B H F
G M F C O R V E T T E E Z A V
J T I B Q Q I M H C K P R F H
F T H U N D E R B I R D R O R
```

BEL AIR	BENZ	CORVETTE
EDSEL	ELDORADO	FURY
IMPERIAL	KAISER	SKYLARK
SPYDER	THUNDERBIRD	VW BEETLE

Golden Age of Television

```
E  I  S  S  A  L  E  K  E  Z  T  V  B  S  M
L  S  I  W  E  L  Y  R  R  E  J  C  R  D  S
E  R  N  I  E  K  O  V  A  C  S  E  F  F  P
M  A  Z  N  A  N  O  B  X  L  N  E  N  P  E
K  J  F  E  H  B  E  Z  G  O  I  Y  A  C  R
L  E  A  V  E  I  T  T  O  B  E  A  V  E  R
Z  O  M  F  Z  K  E  M  N  Y  Q  P  I  Z  Y
E  O  K  S  T  G  Y  Y  N  O  X  B  L  R  M
K  D  B  C  U  E  F  E  Z  W  S  A  L  J  A
O  R  E  G  N  A  R  E  N  O  L  Y  U  Z  S
M  I  K  O  Q  O  D  Y  D  E  B  R  S  Y  O
S  B  H  C  D  C  I  I  J  L  E  T  D  S  N
N  G  P  Q  N  B  D  T  U  W  Q  V  E  C  X
U  K  Y  C  U  L  E  V  O  L  I  R  H  G  O
G  J  A  C  K  B  E  N  N  Y  Y  V  C  B  T
```

BONANZA	ED SULLIVAN	ERNIE KOVACS
GUNSMOKE	HONEYMOONERS	I LOVE LUCY
JACK BENNY	JERRY LEWIS	LASSIE
LEAVE IT TO BEAVER	LONE RANGER	PERRY MASON

Choice Threads

```
S K C U B E D E U S D Y F D L
S I T I K B Q T W P E P T R O
E Q Z G N I D J Z J L O T P A
R G T A O C I T T E P A N H B
D W E P A G I N G H A M I I R
E Q B U T C H W A X K Z K D X
L W C Y B K I T T E N H E E L
C V X L H C A P R I P A N T S
R T W E E D Z W E C Y N H R C
I H D Y P M Y Q Z A B S J T Y
C R E T A E W S R E T T E L B
P O O D L E S K I R T Q T E H
A L V I G S S B M J U N C B P
A L F J A J N N C X T N H W C
Y S E O H S E L D D A S G E J
```

BUTCH WAX	**CAPRI PANTS**	**CIRCLE DRESS**
GINGHAM	**KITTEN HEEL**	**LETTER SWEATER**
PETTICOAT	**PLAID**	**POODLE SKIRT**
SADDLE SHOES	**SUEDE BUCKS**	**TWEED**

The 1960s

Across

2 On July 20, 1969, this commander and Apollo 11 astronaut was the first person to walk on the moon.

4 This N.Y. Jets quarterback famously said, "We're going to win the game. I guarantee it," before going on to win Super Bowl III.

8 Science fiction television show that was created by Gene Roddenberry and first premiered on NBC in 1966.

9 A 13-day standoff between the U.S. and the Soviet Union over the Soviets' nuclear missiles in Cuba. (1962)

10 After assassinating John F. Kennedy, Lee Harvey Oswald was fatally shot by this Dallas nightclub owner before Oswald's trial. (1963)

Down

1 This incident resulted in escalated tension and the U.S. engaging in an open war with North Vietnam. (1964)

3 This heavyweight boxing champion was convicted of draft evasion and stripped of his world title until the conviction was overturned by the Supreme Court. (1967)

5 This popular music festival was billed as "three days of peace and music" and attracted more than 400,000 visitors. (1969)

6 The book *Feminine* ____ was written by Betty Friedan and had a major influence on second-wave feminism. (1963)

7 Known by his initials, this American Civil Rights activist gave a speech that is now known as "I Have a Dream." (1963)

81

Antiwar Movement

```
S  F  I  N  I  B  U  R  Y  R  R  E  J  Y  G
E  S  R  E  S  S  Y  L  B  L  Y  Q  Z  V  B
I  W  E  V  D  N  F  W  Y  V  W  E  R  N  G
P  T  N  E  V  I  W  J  O  A  N  B  A  E  Z
P  S  S  S  N  H  K  I  O  Q  N  M  B  Q  V
I  N  S  O  K  C  F  M  Y  X  F  P  Y  J  X
Y  A  A  G  R  A  B  S  D  F  P  K  N  Z  T
H  C  R  A  M  E  S  U  O  H  E  T  I  H  W
O  S  K  C  A  T  P  H  D  S  J  J  O  K  Z
Z  Q  L  I  Y  S  E  Q  J  D  O  V  E  S  O
Z  D  U  H  A  I  S  D  S  W  L  F  G  U  P
U  E  A  C  B  Y  R  P  H  I  L  O  C  H  S
H  Q  P  B  I  R  E  L  G  B  I  J  O  G  S
E  R  A  G  N  I  H  Y  Z  Y  R  U  V  D  V
E  U  G  E  N  E  M  C  C  A  R  T  H  Y  H
```

ABBIE HOFFMAN	CHICAGO SEVEN	DOVES
EUGENE MCCARTHY	JERRY RUBIN	JOAN BAEZ
PAUL KRASSNER	PHIL OCHS	SDS
TEACH-INS	WHITE HOUSE MARCH	YIPPIES

Feelin' Groovy

```
X  K  R  W  F  M  S  S  N  O  T  H  G  I  R
Z  Z  I  O  G  L  Y  D  J  Y  B  A  A  M  N
C  G  P  G  U  R  I  F  V  Q  W  N  B  S  O
A  Y  X  I  N  A  Z  R  D  T  T  I  R  Y  U
N  B  U  M  M  E  R  E  E  C  N  C  U  A  T
Y  O  C  M  C  X  O  A  Y  X  O  F  O  R  T
O  Z  P  E  D  N  B  K  C  T  O  V  Y  E  A
U  O  W  S  B  A  Q  F  U  U  J  V  S  M  S
D  E  P  O  Y  M  K  L  U  A  V  H  T  O  I
I  D  V  M  V  D  H  A  J  B  T  X  A  S  G
G  E  F  E  Q  L  Z  G  H  I  N  F  H  H  H
I  Y  E  S  O  O  L  G  N  A  H  N  W  C  T
T  S  P  K  J  C  C  X  B  L  A  S  T  T  Z
G  M  X  I  Y  H  K  I  I  T  Q  Q  I  A  O
L  C  X  N  F  L  P  A  S  K  R  X  G  C  X
```

BLAST	BUMMER	CAN YOU DIG IT
CATCH SOME RAYS	FOXY	FREAK FLAG
GIMME SOME SKIN	HANG LOOSE	OLD MAN
OUTTA SIGHT	RIGHT ON	WHAT'S YOUR BAG

Women Pioneers

```
L N N W X M W Y H O R D X N A
V A Z S E A K I E G E F M D N
L H Q S J H N Z L U M S M O I
L G Y O D A I L E R A E W R R
A U A R U R M B N R R K N O A
D A R R B G Y S T E Y Q D T F
O V R E F H S U A Y K X O H I
O Y U L P T T T U A E Y F Y M
G H M B V U A L S M L U U H I
E T I U V R P M S A L D K E M
N O L K I E B T I I E G E I X
A R U A R I W J G R R W Q G H
J O A I T N V Z H A L S O H A
G D P A C N G M C M V N M T S
S T E P H A N I E K W O L E K
```

ANNIE RUTH GRAHAM	DOROTHY HEIGHT	DOROTHY VAUGHAN
HELEN TAUSSIG	JANE GOODALL	KÜBLER-ROSS
MARIA MAYER	MARY KELLER	MIMI FARIÑA
PATSY MINK	PAULI MURRAY	STEPHANIE KWOLEK

Children's Television Revolution

```
J  M  I  S  T  E  R  R  O  G  E  R  S  J  V
C  E  U  P  B  F  I  F  G  V  A  M  M  H  C
K  T  S  E  N  O  T  S  T  N  I  L  F  H  N
O  W  H  W  O  O  D  Y  B  O  O  C  S  F  N
E  E  M  E  R  N  X  U  M  W  R  K  N  E  R
J  T  Z  P  A  T  Z  C  T  N  A  M  O  T  A
S  D  N  E  I  R  F  D  N  A  Y  K  C  O  R
S  Y  N  I  X  N  C  E  P  B  P  M  V  E  K
N  T  K  P  Z  U  W  H  O  I  B  Z  S  F  V
O  O  Z  T  U  J  P  K  I  E  B  H  D  V  W
S  F  Y  R  E  C  A  R  D  E  E  P  S  T  V
T  G  O  D  R  E  D  N  U  J  S  S  Z  K  W
E  K  R  A  E  B  I  G  O  Y  T  H  T  P  A
J  C  F  S  T  E  P  P  U  M  K  Q  O  W  B
M  M  W  L  G  S  E  S  A  M  E  S  T  W  Z
```

ATOM ANT	FLINTSTONES	JETSONS
MISTER ROGERS	MUPPETS	ROCKY AND FRIENDS
SCOOBY-DOO	SESAME ST.	SPEED RACER
THE ARCHIE SHOW	UNDERDOG	YOGI BEAR

Civil Rights

Choose the correct answer to make the statement true.

1. The _____ were activists who rode buses into the American South to protest segregation in 1961.

 □ A. Black Panthers
 □ B. Redstockings
 □ C. Freedom Riders
 □ D. NAACP
 □ E. Student Nonviolent Coordinating Committee (SNCC)

2. Martin Luther King Jr. gave his famous speech "I Have a Dream" at the March on _____. (1963)

 □ A. New York
 □ B. Boston
 □ C. Selma
 □ D. Philadelphia
 □ E. Washington

3. The Civil Rights Act of 1964 prohibits employment discrimination based on _____.

 □ A. Race
 □ B. Color
 □ C. Religion
 □ D. Sex
 □ E. All of the above

4. The Selma-to-Montgomery marches were met with violent confrontations from law enforcement in an event known as _____. (1965)

 □ A. Bloody Sunday
 □ B. The Montgomery bus boycott
 □ C. The Albany Movement
 □ D. The Birmingham Campaign
 □ E. Sunday Massacre

5. The Voting Rights Act of 1965 banned _____.

 □ A. Write-in votes
 □ B. Voter literacy tests
 □ C. Alcohol sales on election day
 □ D. Voting booth time limits
 □ E. African Americans from voting

6. El-Hajj Malik El-Shabazz was an African American minister and was better known as _____.

 □ A. Martin Luther King Jr.
 □ B. W.E.B. Du Bois
 □ C. Bayard Rustin
 □ D. Malcolm X
 □ E. John Lewis

7. The Holy Week Uprising was a series of riots in response to the assassination of _____. (1968)

 □ A. Robert F. Kennedy
 □ B. John F. Kennedy
 □ C. Martin Luther King Jr.
 □ D. Malcolm X
 □ E. Medgar Evers

8. The Fair _____ Act of 1968 was a landmark law that was pushed forward in the wake of Martin Luther King Jr.'s assassination.

 □ A. Housing
 □ B. Voting
 □ C. Marriage
 □ D. Education
 □ E. Employment

Turn On, Tune In, Drop Out

```
S  W  A  U  B  E  M  K  P  J  M  C  V  V  M
T  L  T  O  M  W  O  L  F  E  Q  A  D  F  G
T  P  X  H  S  I  O  C  E  O  K  R  D  E  D
M  P  Y  P  S  Y  C  H  E  D  E  L  I  C  I
C  M  R  D  L  C  M  U  E  D  N  O  J  F  C
K  Q  A  G  L  Y  I  I  B  V  K  S  W  F  A
O  E  E  R  L  S  D  F  G  W  E  C  L  Q  R
O  P  L  T  Y  H  P  C  T  K  S  A  T  A  E
L  I  Y  Z  R  J  J  E  U  U  E  S  B  X  T
A  P  H  X  J  E  A  A  Y  R  Y  T  O  P  T
I  H  T  F  X  A  E  N  I  O  M  A  O  P  O
D  S  O  F  K  K  N  F  E  Q  T  N  Q  M  L
Y  A  M  R  K  Q  A  C  E  K  O  E  O  G  B
E  H  I  X  U  R  Q  N  N  R  O  D  Y  A  N
M  G  T  Y  B  E  C  R  J  E  O  A  T  N  H
```

BLOTTER ACID	CARLOS CASTANEDA	HASH PIPE
KEN KESEY	KOOL-AID	LSD
MARY JANE	PEYOTE	PSYCHEDELIC
REEFER	TIMOTHY LEARY	TOM WOLFE

Float Like a Butterfly, Sting Like a Bee

```
E M I Q O J O D Z K H M W W T
D S K P B T Q B I J P F O L H
R N S G E U Y B I P A U A G E
C C D Y A L C S U I S S A C G
G E O R G E F O R E M A N V R
T C H U M A N I T A R I A N E
M O D E E R F F O L A D E M A
G V S O N N Y L I S T O N I T
Z F S T H G I E W Y V A E H E
R O P E A D O P E B N T G X S
Z O F Q U B B H M J V T F T
S L D P F X Z F J P U T E L U
M A L S I F O N O I T A N B Q
T H R I L L A I N M A N I L A
Z J D Z K J O E F R A Z I E R
```

One Giant Leap

```
E  A  S  V  C  P  E  N  W  P  W  U  B  D  U
S  T  I  U  Y  W  S  A  I  I  R  U  A  F  P
A  C  H  R  M  B  U  X  G  R  N  Y  D  I  L
B  K  L  A  W  N  O  O  M  L  D  J  D  C  N
Y  M  Z  R  I  K  O  Z  B  K  E  L  T  Y  M
T  X  I  F  L  A  G  V  L  G  C  I  A  V  O
I  S  N  I  L  L  O  C  L  E  A  H  C  I  M
L  Y  D  E  N  N  E  K  E  P  A  C  A  R  E
I  U  F  Y  Y  L  O  G  G  S  B  M  J  W  Y
U  W  Z  P  E  T  S  L  L  A  M  S  G  T  U
Q  F  H  A  A  R  M  S  T  R  O  N  G  H  U
N  P  L  U  N  A  R  L  A  N  D  I  N  G  U
A  D  N  A  L  S  I  T  T  I  R  R  E  M  G
R  A  P  O  L  L  O  E  L  E  V  E  N  J  G
T  D  V  Q  Y  U  N  Q  X  Y  E  Q  G  I  S
```

ALDRIN	APOLLO ELEVEN	ARMSTRONG
CAPE KENNEDY	EAGLE	FLAG
LUNAR LANDING	MERRITT ISLAND	MICHAEL COLLINS
MOON WALK	SMALL STEP	TRANQUILITY BASE

Names for a Flower Child

```
T M B J G E T W X T S E R O F
E Q Q Y I P B O I Q Y Y P A Y
Q T X A D R A L F V O B E J F
X L C L G K Z L T F P L H V I
H F P Q W J Y I U U N E G A S
R I V E R E K W E J C H E V S
V E R A Y I P U Q K N A I P K
A C D Y X J E R Q S W I V N Y
I H Q N F T Z U R E Q F S O E
R O H O Y G H F X R Y F F W W
K I D M B M F Z E E T S U Z K
V B P R D S C E Y N H K I G I
X U O A I Z Q P H I D G Z A C
J C W H R J I P R T G G G L D
M N M A C M O W J Y H G S U Z
```

DAISY	DAWN	ECHO
FOREST	HARMONY	LEAF
RIVER	SAGE	SERENITY
SKYE	WILLOW	ZIGGY

Hey, Read This!

Unscramble the titles of these countercultural classics.

1. *Noe Lwfe Vreo eht Ocscuko Stne* (by Ken Kesey)

2. *Eth Teccelir Olok-Dia Diac Estt* (by Tom Wolfe)

3. *Eneb Odnw Os Nlgo Ti Sokol Klie Pu ot Em* (by Richard Fariña)

4. *Eht Scecpeydlih Pecreenexi* (by Timothy Leary)

5. *Nrrtgesa ni a Rnseatg Dlna* (by Robert Heinlein)

6. *Ni Lteaernwom Urasg* (by Richard Brautigan)

7. *Nanayst Estret & Hrtoe Wrorsos* (by Rod McKuen)

8. *Priestruc fo hte Odngel Ntyereit* (by Jack Kerouac)

9. *Eimmosr fo a Kbnatei* (by Diane di Prima)

10. *Het Rief Tenx Mite* (by James Baldwin)

Summer of Love

```
S  J  R  E  V  O  L  E  E  R  F  F  E  C  D
D  I  G  G  E  R  S  K  X  V  K  P  X  K  T
O  M  V  R  X  Y  O  G  K  T  D  E  X  E  R
Y  I  D  J  U  N  I  E  B  N  A  M  U  H  V
D  F  T  R  B  H  S  Z  G  A  S  C  U  D  O
L  T  S  C  O  T  T  M  C  K  E  N  Z  I  E
I  C  V  R  M  D  F  I  L  L  M  O  R  E  V
H  A  I  G  H  T  A  S  H  B  U  R  Y  I  H
C  H  I  P  P  Y  R  C  K  O  U  B  X  F  X
R  F  R  E  E  C  L  I  N  I  C  K  R  M  S
E  L  N  N  O  T  V  P  N  S  X  L  E  A  I
W  J  O  O  C  S  I  C  N  A  R  F  N  A  S
O  N  V  B  O  M  P  W  F  H  V  L  V  T  S
L  U  A  X  G  T  Z  S  G  J  K  W  Z  E  O
F  M  X  B  P  I  K  Z  D  V  C  I  V  Z  N
```

DIGGERS	FILLMORE	FLOWER CHILD
FREE CLINIC	FREE LOVE	HAIGHT-ASHBURY
HIPPY	HUMAN BE-IN	JIMI
SAN FRANCISCO	SCOTT MCKENZIE	VW VAN

The Great Society

```
M C I V I L R I G H T S A C T
E A U R B A N R E N E W A L J
Q R D Q T M O X T C B W E K C
M U E Y Z Z H E A D S T A R T
E P R O D U C T S A F E T Y Q
D W K H Y Z K D Z T J B S E V
I V N L B J H V J X Y A L R L
C W A R O N P O V E R T Y V I
A I A S D I P H C E B S E K I
R Y E J P I S E U T Y I L W I
E A S E I T I C L E D O M K R
N B E Z Z O R X Z T G L M D G
K E T A U O G J F M P S F X H
A S A R G E N T S H R I V E R
X S P R O C E C A E P B E D J
```

CIVIL RIGHTS ACT	ESEA	HEAD START
LBJ	MEDICARE	MODEL CITIES
NEA	PEACE CORPS	PRODUCT SAFETY
SARGENT SHRIVER	URBAN RENEWAL	WAR ON POVERTY

1960s Superheroes

```
B  J  W  C  U  Q  N  K  Z  K  L  U  H  W  F
I  T  J  A  C  K  K  I  R  B  Y  C  U  O  L
K  F  M  T  O  K  E  K  F  I  N  L  X  X  T
W  H  A  G  I  E  R  R  N  Y  J  O  G  U  S
P  T  S  N  M  G  G  Q  A  R  X  K  T  W  R
Y  H  T  M  T  N  T  Y  M  H  K  I  Y  O  E
J  K  A  J  K  A  Z  V  R  W  V  X  H  Z  G
H  Y  N  I  T  R  S  Q  E  N  X  T  V  Q  N
K  I  L  R  S  T  R  T  D  V  X  C  S  Z  E
A  A  E  O  F  S  H  Z  I  H  R  L  N  E  V
Y  W  E  N  G  R  E  Q  P  C  M  X  A  H  A
S  I  G  M  J  D  I  C  S  E  F  T  J  C  X
D  A  H  A  K  M  F  B  Y  T  V  O  Z  U  N
S  Y  I  N  W  Z  S  H  X  E  Y  P  U  L  P
G  O  Y  R  U  F  T  G  S  X  M  E  N  R  J
```

AVENGERS	DR. STRANGE	FANTASTIC FOUR
HULK	IRON MAN	JACK KIRBY
LOKI	SGT. FURY	SPIDER-MAN
STAN LEE	THOR	X-MEN

Off the Red Carpet

```
V R J T H E G R A D U A T E V
E L V I R A M A D I G A N U B
X K C U Z S P R O S T E J H E
Z V E S Y L L E T Q G J X X A
P L A N E T O F T H E A P E S
Q F F E P F Z T N R C S C B Y
M I D N I G H T C O W B O Y R
S A N T S U C A T R A P S C I
G F E E X F Q M U M E A C Y D
J G C O O L H A N D L U K E E
Y J P S Y C H O Z T F T S J R
S U B M U L O C E Y B D O O G
K H Z Y E S S Y D O E C A P S
A B O N N I E A N D C L Y D E
M E D O N T L O O K B A C K J
```

BONNIE AND CLYDE	COOL HAND LUKE	DON'T LOOK BACK
EASY RIDER	ELVIRA MADIGAN	GOODBYE COLUMBUS
MIDNIGHT COWBOY	PLANET OF THE APES	PSYCHO
SPACE ODYSSEY	SPARTACUS	THE GRADUATE

Woodstock

Match the headliner with the song performed at Woodstock.

1. _____ Richie Havens   A. *"TURN ON YOUR LOVE LIGHT"*

2. _____ Arlo Guthrie   B. *"PIECE OF MY HEART"*

3. _____ Joan Baez   C. *"FOXY LADY"*

4. _____ Santana   D. *"AMAZING GRACE"*

5. _____ Grateful Dead   E. *"EVIL WAYS"*

6. _____ Creedence Clearwater Revival   F. *"SWEET SIR GALAHAD"*

7. _____ Janis Joplin   G. *"I CAN'T EXPLAIN"*

8. _____ The Who   H. *"HIGH FLYING BIRD"*

9. _____ Jimi Hendrix   I. *"BORN ON THE BAYOU"*

10. _____ Crosby, Stills, Nash & Young   J. *"MARRAKESH EXPRESS"*

Camelot

```
D R A Y E N I V S A H T R A M
E U P M A U W B T O T S E H P
F R P H K O H O U G P O R T L
P G K P S B I B P Z E R A R R
Q B F D U S T B V E N J K O J
J Q J J C J E Y W G I N N P U
O O I O Z I H B M F L H I S F
E A M H K U O Z N U O O H I B
D R Y C O R U K I Y R J S N B
T M A W E X S P M O A J U N H
E J V P T U E V S X C E P A Z
D Q X U U X T E D K D T I Y B
D Z C X W X O H U F H D G H C
Y Q U C Q M U Q V U C W Q V C
H A J W G B R P O L C L F P N
```

BOBBY	CAROLINE	HYANNIS PORT
JACKIE	JFK	JOE
JOHN JR.	MARTHA'S VINEYARD	PUSHINKA
ROSE	TEDDY	WHITE HOUSE TOUR

Far-Out Fun

```
O U F V E S U O H M A E R D K
R E A S Y B A K E O V E N H Y
E R X R Q C G Y L S M T O A H
M V P E Y V A Q M Q G T C W T
H T A L T Z M I C S W A O T A
H I R W O F E E O H S C G W C
O L T A H D O P E P J B S I Y
K Y E R S M F E E P F P Z S T
C F S C S S L R I G X O W T T
E P U Y I S I S J I S W O E A
Z N O P K C F X H J X L I R H
K O M E M W E G X O J M N P C
K I U E P Y U F I E N J Z U M
I Q V R H I S L L O D N E K S
M E K C O S M E K C O R W R B
```

CASPER	CHATTY CATHY	CREEPY CRAWLERS
DREAM HOUSE	EASY BAKE OVEN	GAME OF LIFE
GI JOE	HOT WHEELS	KEN DOLL
MOUSE TRAP	ROCK 'EM SOCK 'EM	TWISTER

1960s Trailblazers

```
D  V  U  L  B  P  B  M  V  S  D  N  R  Z  T
Y  I  S  R  B  Z  B  K  M  U  R  R  E  A  N
A  D  E  W  J  O  E  Q  D  S  S  A  L  M  O
W  L  K  L  Z  I  A  T  K  A  A  C  U  K  S
M  I  A  Z  L  J  T  F  U  N  M  H  T  J  N
A  H  O  N  S  A  L  Q  Y  S  W  E  H  S  H
Q  C  D  E  S  I  E  B  X  O  A  L  E  I  O
B  A  R  E  E  H  S  H  P  N  L  C  R  W  J
O  I  A  K  R  Q  E  N  K  T  T  A  T  E  P
B  L  H  Y  I  P  G  P  X  A  O  R  E  L  A
D  U  C  W  D  Q  J  I  A  G  N  S  R  N  H
Y  J  I  W  H  M  Q  H  B  R  R  O  R  H  S
L  S  R  S  F  X  G  R  V  N  D  N  Y  O  R
A  A  Y  R  C  S  N  N  P  D  V  X  O  J  A
N  J  P  B  U  C  K  Y  F  U  L  L  E  R  M
```

ALAN SHEPARD	BEATLES	BOB DYLAN
BUCKY FULLER	JOHN LEWIS	JULIA CHILD
LUTHER TERRY	MARSHA P. JOHNSON	RACHEL CARSON
RICHARD OAKES	SAM WALTON	SUSAN SONTAG

Psychedelic Styles

```
Q I H H L Y G B X E B Q P O L
Z L W S O C T U R C O Z S W S
M D I R V C X C B L H J H I L
O P P E E Z U K O X R R E K A
C L I W B Q B S S E V Z A O D
C S K O E E M K C R I C D H N
A A B L A Y W I D D F Y B C A
S M T F D D C N N P F R A N S
I R A W S E Z V V I D W N O Q
N J P T V I D E K J S K D P P
S Y V L D T H S W C Z K H Z N
F B E L L B O T T O M S I X C
E S U O L B T N A S A E P R J
P E A C E S I G N S K S O G T
O J L P J H S W K Z E D C Q D
```

BELL BOTTOMS	**BUCKSKIN VEST**	**FLOWERS**
HEADBAND	**LOVE BEADS**	**MINISKIRT**
MOCCASINS	**PEACE SIGNS**	**PEASANT BLOUSE**
PONCHO	**SANDALS**	**TIE-DYE**

The 1970s

Across

1 The last lottery drawing to be called to service for the Vietnam War, also known as the _____, occurred on December 7, 1972.

6 This popular film franchise began with the film *Episode IV— A New Hope*, written and directed by George Lucas. (1977)

7 Thoroughbred racehorse who set multiple records and became famous for being the first Triple Crown winner since 1948. (1973)

9 *Saturday Night Fever* starred this singer, actor, and dancer as the film increased the popularity of disco music across the U.S. (1977)

10 The capture of this capital city marked the end of the Vietnam War. (1975)

Down

2 The "Battle of the Sexes" was an internationally televised match in this sport between Billie Jean King and Bobby Riggs. (1973)

3 Thirteen students were shot at this university during a peace rally protesting the Vietnam War and the invasion of Cambodia. (1970)

4 This Florida amusement park opened on October 1, 1971, and included the Magic Kingdom and three resorts.

5 Political scandal that resulted in President Nixon's resignation. (1972)

8 The Iranian Revolution resulted in the 1979 energy crisis, which caused public panic and inflated prices of this item.

Leaving Vietnam

```
S  R  E  P  A  P  N  O  G  A  T  N  E  P  F
R  E  T  W  U  V  C  J  R  R  S  V  W  E  I
F  G  H  H  C  I  C  N  H  F  T  I  H  A  M
N  N  N  R  G  L  O  I  C  P  C  E  T  C  J
N  I  O  B  P  R  U  K  R  X  N  T  L  E  I
M  S  X  V  O  E  A  N  U  V  P  N  E  A  O
C  S  I  W  W  W  P  O  H  W  C  A  D  C  P
V  I  N  O  S  V  V  T  C  H  R  M  U  C  Q
D  K  U  I  F  P  F  E  U  S  I  C  O  K
S  A  I  G  O  N  N  O  S  D  I  Z  T  R  D
G  B  D  D  L  Y  A  F  A  Q  S  A  H  D  D
S  L  U  M  U  D  J  L  C  Q  F  T  O  S  F
X  K  U  N  F  N  J  U  N  Z  T  I  P  N  P
A  F  U  K  X  X  M  G  U  U  Q  O  A  L  E
A  X  S  I  H  O  C  H  I  M  I  N  H  H  I
```

CASE-CHURCH	GULF OF TONKIN	HO CHI MINH
KISSINGER	LE DUC THO	NIXON
PEACE ACCORDS	PENTAGON PAPERS	POWS
PTSD	SAIGON	VIETNAMIZATION

Cable TV

```
F  E  I  N  S  P  V  D  T  D  W  X  A  C  F
S  I  Y  J  K  X  S  C  B  N  B  T  N  K  L
X  O  U  T  U  R  N  E  R  L  E  R  I  E  N
T  I  Y  V  G  Y  V  A  M  P  I  A  C  L  B
M  E  E  X  Q  G  O  S  P  I  Q  O  K  M  D
C  H  R  H  L  M  E  S  H  S  T  Z  E  G  V
C  C  A  X  B  F  Z  Y  Y  X  C  W  L  W  N
L  Q  A  T  X  D  B  A  Z  T  N  A  O  Z  N
T  O  J  U  Q  F  Y  V  Y  G  U  W  D  H  S
H  B  P  N  W  I  F  I  R  L  Z  C  E  H  S
G  H  N  B  C  Y  N  Q  E  S  P  N  O  T  S
R  S  X  G  L  B  Q  A  D  E  L  X  N  F  K
O  G  D  A  C  V  B  G  R  Y  L  F  F  B  Q
I  X  X  S  E  G  G  I  U  S  T  P  M  U  G
R  U  P  U  S  C  Z  F  E  G  H  Y  N  I  G
```

CBN	C-SPAN	ESPN
HBO	INSP	NICKELODEON
SHOWTIME	TBN	TLC
TMC	TURNER	USA

On Top of Their Game

```
R  Q  P  S  D  X  W  X  S  X  D  F  U  D  N
O  S  C  W  A  U  A  D  Z  T  I  P  S  L  T
N  L  N  S  K  N  L  R  L  B  N  C  W  W  O
O  O  I  B  C  N  T  H  X  X  O  I  S  S  X
S  B  I  L  L  I  E  J  E  A  N  K  I  N  G
K  G  J  L  N  G  R  R  K  E  J  K  F  R  K
C  J  E  W  X  R  P  N  E  J  E  N  N  E  R
A  W  O  C  T  R  A  S  H  E  R  X  N  K  N
J  D  J  E  E  Q  Y  W  T  R  E  V  E  O  C
E  L  N  L  V  W  T  Y  T  X  S  L  R  C  P
I  H  I  J  P  R  O  T  O  B  S  A  O  B  G
G  F  K  Y  Q  I  N  L  L  H  A  R  R  J  H
G  Z  O  S  B  W  D  N  X  Z  Y  W  R  U  L
E  A  M  B  A  B  D  U  L  J  A  B  B  A  R
R  U  S  P  E  L  R  S  U  A  L  K  C  I  N
```

AARON	ABDUL-JABBAR	ASHE
BILLIE JEAN KING	EVERT	JENNER
NICKLAUS	ORR	REGGIE JACKSON
SMOKIN' JOE	SPITZ	WALTER PAYTON

The Information Age

```
A G E E S H K A Q A M M J T Y
R Z T Y D E S A T O I N N L M
E I K N T M I T R A C B X H S
M H J A Y P D T C D R Q P H M
A C H M I K Y P M Z O I V J N
C D B K A Z P Q S K P A X V U
L L G L T J P B I G R L D K I
A L I A M E O E J K O V G E R
T E U W Z V L A V E C A F Z M
I E N Q G B F F K R E W F I L
G G J B A F S M E P S S X T O
I U W G H L S W L S S C X V U
D Y L B O O M B O X O C U N Z
P L F G L K F C W P R Z D K S
G O V G D B A R C O D E D F O
```

ATARI	BAR CODE	BOOM BOX
DIGITAL CAMERA	EMAIL	FLOPPY DISK
MICROPROCESSOR	MRI	PC
VCR	VHS	WALKMAN

I Am Woman

Choose the correct answer to make the statement true.

1. The Women's Strike for Equality took place on August 26, 1970, and was led by ____.

   ☐ A. Angela Davis
   ☐ B. Gloria Steinem
   ☐ C. Betty Friedan
   ☐ D. Dolores Huerta

2. The Women's Strike for Equality fought for access to ____.

   ☐ A. Childcare
   ☐ B. Public Transportation
   ☐ C. Education
   ☐ D. Political Participation

3. Bella Abzug, also known as Battling Bella, coined this popular feminist slogan.

   ☐ A. "Don't Iron While the Strike Is Hot"
   ☐ B. "Don't Cook Dinner—Starve a Rat Today"
   ☐ C. "I Am Woman"
   ☐ D. "This Woman's Place Is in the House—the House of Representatives"

4. ____ lasted from the 1960s to the 1980s and focused on cultural and political inequalities.

   ☐ A. First-wave feminism
   ☐ B. Second-wave feminism
   ☐ C. Third-wave feminism
   ☐ D. Fourth-wave feminism

5. Journalist, writer, and feminist activist Gloria Steinem joined Dorothy Pitman Hughes to create ____ magazine.

   ☐ A. *Ms.*
   ☐ B. *Ain't I a Woman?*
   ☐ C. *The Amazon*
   ☐ D. *Country Women*

6. *Roe v. Wade* was a landmark U.S Supreme Court decision that established a woman's right to ____.

   ☐ A. Free access to childcare
   ☐ B. Affordable healthcare
   ☐ C. Vote
   ☐ D. An abortion

7. This book was first self-published under a different title by the Boston Women's Health Collective.

   ☐ A. *The Woman Warrior*
   ☐ B. *Our Bodies, Ourselves*
   ☐ C. *Sexual Politics*
   ☐ D. *The Female Eunuch*

8. The North American Indian Women's Association was founded in 1970 with ____ as the founding president.

   ☐ A. Marie Cox
   ☐ B. Agnes Dill
   ☐ C. Mary Jane Fate
   ☐ D. Muriel Hazel Wright

9. Law passed by Congress as a part of the Education Amendments of 1972 to protect against sex discrimination.

   ☐ A. Title I
   ☐ B. Title IV
   ☐ C. Title V
   ☐ D. Title IX

10. Annual march opposing violence against women that first took place in Philadelphia in 1975.

   ☐ A. Women's March For Peace
   ☐ B. Women's March
   ☐ C. Take Back the Night
   ☐ D. Women's Strike for Equality

Deserts and Jungles

```
J F T A T N T U L A X B F P V
S A W F V R J B I F E O O N I
E L J R V O H D B G G I P N E
C L I K I H E V E H U L E R T
R O Y L E S A I R A O C R U N
E F Z A T E Q T A N R R A W A
T S T K C D U J T I R I T R M
W A G B O A Y S I S E S I P W
A I U E N L F K O T M I O W A
R G L X G G P I N A H S N N R
H O B D P N F W W N K F L A E
F N C E P A O J A W N A O D N
L C K E A B J K R A F M T V D
V X E E R I Y R M R S X U A S
Y O M K I P P U R W A R S Q G
```

AFGHANISTAN WAR	BANGLADESH	FALL OF SAIGON
KHMER ROUGE	LIBERATION WAR	OAPEC
OIL CRISIS	OPERATION LOTUS	SECRET WAR
VIET CONG	VIETNAM WAR ENDS	YOM KIPPUR WAR

Child's Play

```
M R P F T B H Z M S Q R O F E
S H R I N K Y D I N K S E F I
D S D H Y J E S Q V E B X V U
V S P M C E U P D T P I Y M H
F O Y A S M E W T Y G U E Y
G P D W C J H A T O O W C N M
D P J E K E V K C A L H V S R
M I C E C L I A O Y A E U Y N
G H H B O L R N I J B E Y A B
K Y I L R A B D V Z U L T S O
X R A E T B G S S A Z S W N H
A G P S E F X P Y A D C U O T
P N E K P R H E O T L E K M H
L U T P S E H L L N V H R I X
E H D A I N W L W K G C X S L
```

BIG WHEEL	CHIA PET	HUNGRY HIPPOS
NERF BALL	PET ROCK	PONG
SHRINKY DINKS	SIMON SAYS	SPACE INVADERS
SPEAK AND SPELL	UNO	WEEBLES

Books-of-the-Decade Club

```
V G T S V Z L O V E S T O R Y
W N U M Z M P B V T D M W I R
A I C X S P D V D R A H V S A
T N K A O R S O T R Y D O J W
E I E R P I R U T J O X D O F
R H V O H N M A R Q F N E B O
S S E L I C J U W Z T F S I S
H E R H E E S Y D J H R S M D
I H L O S S Z M J P E C A J N
P T A Z C S T B I O J F F N I
D B S N H B J O T W A D I G W
O Q T S O R A I O C C G L V R
W B I T I I E V V R K F E A N
N X N J C D H G X Y A J F I D
K F G W E E I J A I L B I R D
```

DAY OF THE JACKAL	JAILBIRD	LORAX
LOVE STORY	ODESSA FILE	PRINCESS BRIDE
ROOTS	SOPHIE'S CHOICE	THE SHINING
TUCK EVERLASTING	WATERSHIP DOWN	WINDS OF WAR

Nuts & Berries

```
I L N K O N M S T U O R P S H
I E W N F D A M A Y C M F V O
R X P W E N C I H G U I D S M
Y N I C V A R S Y R Z Z E P E
R A T I I U O O H W R M K O M
H I O N R H B Q A Z U Q Q O A
J R T A H C I S L G F U Y C D
F A P G U E O H E B A X F D E
I T S R Z Z T L T Q H Q M O O
Y E F O D S I Y A J C U O O T
L G H K Y B C B I U Y Q E F F
S E C M O O S E W O O D K K K
U V C S K S B C V X W U N Q X
W L A N O I T A N R E T N I C
Q N L Y D V R Z D Q L P H V O
```

FOOD CO-OP	HOMEMADE	INTERNATIONAL
LEGUMES	MACROBIOTICS	MISO
MOOSEWOOD	ORGANIC	SPROUTS
SZECHUAN	TOFU	VEGETARIAN

Deep Throat

Truth or lies?

1. The group that broke into the DNC headquarters used chewing gum to cover and block the door locks. (1972)

☐ *Truth*
☐ *Lies*

2. The ex-CIA and FBI agents that broke into the DNC headquarters were called the "electricians." (1972)

☐ *Truth*
☐ *Lies*

3. The Watergate crime was mocked as a "third-rate burglary," despite the burglars being ex-CIA and FBI agents.

☐ *Truth*
☐ *Lies*

4. It was proved that the missing minutes from the tapes were an embarrassing recording of Nixon singing along to "I'm a Believer."

☐ *Truth*
☐ *Lies*

5. "Deep Throat" was the name of the anonymous source who gave details of the Watergate scandal to the Washington Post. (1972)

☐ *Truth*
☐ *Lies*

6. Nixon offered the burglars homes in the Cayman Islands as hush money.

☐ *Truth*
☐ *Lies*

7. Johnny Carson and Ed McMahon teamed up to report on the Watergate scandal.

☐ *Truth*
☐ *Lies*

8. Much of the Watergate hearings were broadcast on live television.

☐ *Truth*
☐ *Lies*

9. The fund-raising committee for Nixon's reelection campaign, CRP, was often mocked and called CREEP.

☐ *Truth*
☐ *Lies*

10. In an interview with journalist David Frost, Nixon said, "When the president does it, that means that it is not illegal." (1977)

☐ *Truth*
☐ *Lies*

Anything Goes

```
K S P T E K M O O D R I N G S
L N L H T I U S E R U S I E L
L A A W I K O R Q S Z E L U M
M E T S K Y I V O G M O C A X
A J F K P H H G G U G H A G C
X D O C V N F X Y V F S X D D
I E R O P U V W H M J D A G M
D Y M S O L L W F U T R P N P
R A S E L R T V M Z U O A C O
E R H B O T U P M D V F O U W
S F O U S X S X W D M X N U R
S M E T H U O L U Y W O H M P
Z V S T I U S K C A R T F Z G
W D Z T R M A T S O H C U A G
I W K L T R E T S E Y L O P Z
```

FRAYED JEANS	GAUCHOS	JUMPSUIT
LEISURE SUIT	MAXI DRESS	MOOD RINGS
OXFORD SHOES	PLATFORM SHOES	POLO SHIRT
POLYESTER	TRACKSUITS	TUBE SOCKS

10-4 Good Buddy

```
R H P W X X E O C D X X G M I
O F O Q F W P O H R U C J B C
G W V J E A L L I G A T O R Y
E Q M B V N A W C Q H E W O E
R J J T E L Y F K S W V B O K
D Q C J L Y A B E J B V Q D N
C C U K M R E N G T K C K O
O Z D A N N J A C R Q X F C D
M E K M I S P R O L Y I P A W
E N S E E W Z T O K Z B N B F
D R X R V V D R P R O D Y Y S
I M L A E L C A U R Z N Z P J
A S O C L Q V P A D C M C M B
N W E V I T A M R I F F A C R
C O P Y A P Z Q A O Y M Y R Y
```

AFFIRMATIVE	ALLIGATOR	BACK DOOR
BEAR	BEAR TRAP	CAMERA
CHICKEN COOP	COMEDIAN	COPY
DONKEY	EVEL KNIEVEL	ROGER

Chart Toppers

```
U L E D Z E P P E L I N Y F D
X Y T Y E P G U Y H M R X O I
D S U W U E J J B A J G R E A
C E B E I W B I Q H S E F S N
S L M Y P Q W U G A D X C Z A
L G I D E L E Q G N O F U H R
E A F L E E T W O O D M A C O
N E Y O N B C W P V P S B E S
N E H O F V E T N R Q C R U S
O H Z G N I K E L O R A C X T
N T S Q V E L T O N J O H N J
W W B E A X R G A E X Z I V T
D U T R T I P I N K F L O Y D
S S X D D O N N A S U M M E R
V U F Y N A L Y D B O B V L V
```

BOB DYLAN	**CAROLE KING**	**DIANA ROSS**
DONNA SUMMER	**ELTON JOHN**	**FLEETWOOD MAC**
LED ZEPPELIN	**LENNON**	**PINK FLOYD**
QUEEN	**STEVIE WONDER**	**THE EAGLES**

All in the Family

```
P A R T R I D G E F A M I L Y
Q B D X C T K K C V V J R I D
D I F F R E N T S T R O K E S
X P C N A L H C Y Y L Y R F J
N A L J F J Z R A F Q E S S I
C S V W A E B S D D Z G N L T
E E F M M F N H Y A G O J H R
P M S W I F A W P L T E Y Q I
U I E W L E F O P L A I N X R
P T D A Y R N Q A A Z K B H O
R D F P G S J W H S C N S M O
P O E S U O H E L T T I L L T
N O J D J N S R J R T Z G B S
I G T W W S Z P J E D U A M Y
K V H G U O N E S I T H G I E
```

DALLAS	**DIFF'RENT STROKES**	**EIGHT IS ENOUGH**
FAMILY	**GOOD TIMES**	**HAPPY DAYS**
JEFFERSONS	**LITTLE HOUSE**	**MAUDE**
PARTRIDGE FAMILY	**ROOTS**	**WALTONS**

Box Office Favorites

Rank the following highest-grossing films in order of popularity.

_____ *Close Encounters of the Third Kind*

_____ *Smokey and the Bandit*

_____ *The Sting*

_____ *Animal House*

_____ *Superman*

_____ *The Exorcist*

_____ *Rocky*

_____ *Star Wars: Episode IV—A New Hope*

_____ *Grease*

_____ *The Godfather*

_____ *Jaws*

_____ *Blazing Saddles*

1970s Trailblazers

```
M I C H A E L J A C K S O N C C
C B A R B A R A W A L T E R S S
M L O H S I H C Y E L R I H S S
S T M W P Y E L R A M B O B V V
P T E R P T M E M F X U Y P V
I B I L L I E J E A N K I N G
E U I N I C K U T I N G D X I
L F A J B B R P N B R P P L R
B B K H A R V E Y M I L K Y D
E L E O N A R D P E L T I E R
R A D N O F E N A J A U Q A O
G E N P V H E P G L C B C T N
W Q G L O R I A S T E I N E M
Y B X Z C T L B L B H I O P X
M O Z E V A H C R A S E C S J
```

BARBARA WALTERS	**BILLIE JEAN KING**	**BOB MARLEY**
CÉSAR CHÁVEZ	**GLORIA STEINEM**	**HARVEY MILK**
JANE FONDA	**LEONARD PELTIER**	**MICHAEL JACKSON**
NICK UT	**SHIRLEY CHISHOLM**	**SPIELBERG**

SNL

```
L N B L U E S B R O T H E R S
O I S D A E H E N O C U S U L
Q T U W Q U R K C O R L X D I
G R B E S A H C Y V E H C A H
S A A A F C D X O A N S X N S
E M B X B K Q P H S D H P A U
C E A L E D S C J L A F G K L
P V W Y I E I P X W R V B R E
V E A K L M X W Z Y A X D O B
M T W D E E Q P T J D S W Y N
Z S A N G U M B Y V L Q E D H
L C R G C H L Z L L I B R M O
P O H B O T D S G Y G Y R F J
L Y A R R U M L L I B V R E I
N F X K V T X Y X Y F G N X H
```

BABA WAWA	BILL MURRAY	BLUES BROTHERS
CHEVY CHASE	CONEHEADS	DAN AKROYD
GILDA RADNER	GUMBY	JOHN BELUSHI
LORNE MICHAELS	MR. BILL	STEVE MARTIN

Gen X Boys' Names

```
N O N M G T V Z D P Y H J B T
D D U J T I Y M G P R O V V N
M A T T H E W M A Z H M W Y R
O Y E D T H J I A N H C D T E
L S L Y P L D M L R H I N S H
K D B E Q A F U Y L D L R E P
E J S C N R G N N J I J I M O
Z O C I T C W L O P Y A B A T
J Z E Y H M R E S X U U M J S
F L B E Q Q L E A H C I M T I
S R P R V H F U J D Z J B R R
E L H Q I V C B U Y Q X D E H
F A D K C A L Z D A V I D B C
W W Q U J M N Q Y P D P B O H
R M O Y K W Z V Z L N Z A R S
```

BRIAN	CHRISTOPHER	DANIEL
DAVID	JAMES	JASON
JOHN	JOSEPH	MATTHEW
MICHAEL	ROBERT	WILLIAM

Dance Floor

```
C  S  D  J  L  G  X  Z  T  N  X  C  E  U  Y
M  G  E  D  I  L  S  C  I  R  T  C  E  L  E
D  Y  D  R  E  K  R  O  Y  W  E  N  C  B  N
B  R  O  O  K  L  Y  N  S  H  U  F  F  L  E
J  B  G  B  K  N  S  I  X  A  K  N  Q  H  K
I  R  U  F  T  X  C  W  D  G  A  O  X  Y  C
Y  M  T  B  L  J  I  Y  T  C  L  V  B  O  I
P  P  X  V  P  Y  L  L  U  G  Y  L  L  U  H
J  V  M  V  H  S  W  J  B  D  Y  N  X  Z  C
C  A  A  O  W  M  N  E  F  U  C  C  K  Y  Y
Z  S  O  G  N  I  W  S  O  C  S  I  D  S  K
P  R  E  L  K  N  I  R  P  S  K  S  B  S  N
D  S  O  E  L  T  S  U  H  X  E  P  T  D  U
H  P  Y  D  I  S  C  O  D  U  C  K  L  O  F
W  X  W  G  F  U  Y  U  U  O  Y  M  C  A  P
```

BROOKLYN SHUFFLE	BUMP	BUS STOP
DISCO DUCK	DISCO SWING	ELECTRIC SLIDE
FUNKY CHICKEN	HULLY GULLY	HUSTLE
NEW YORKER	SPRINKLER	YMCA

The 1980s

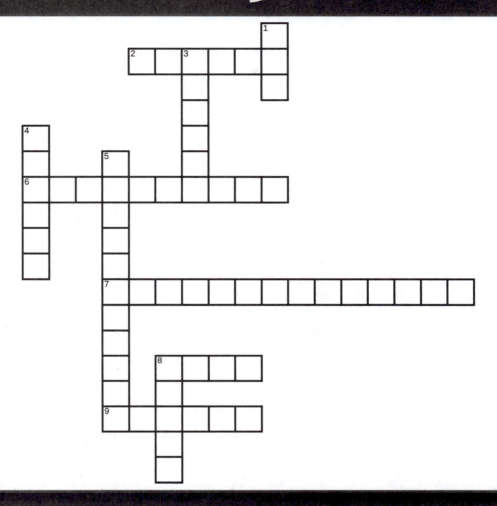

Across

2 Wall in East Germany that symbolized the Cold War and fell on November 9, 1989.

6 U.S. space shuttle that broke apart 73 seconds after its launch, resulting in the death of seven astronauts. (1986)

7 Known as the King of Pop, this musical artist has held multiple Guinness World Records, including best-selling music video. (1982)

8 In 1989, 100,000 cases of this disease were reported in the U.S.

9 Coined in the early 1980s, this term was used to describe the "young urban professional." (1980)

Down

1 Popular 24-hour cable news channel founded by Ted Turner. (1981)

3 An assassination attempt was made on this president by John Hinckley Jr. in Washington, D.C. (1981)

4 The 1980 Winter Olympics in this sport led to the iconic miracle victory of the U.S. over the Soviet Union.

5 Unexpected and severe global stock market crash that caused the Dow Jones Industrial Average to fall by 22.6 percent. (1987)

8 This company released the original Macintosh personal computer, which had a CRT monitor, keyboard, mouse, and 128 KB of RAM. (1984)

It's a PC Decade

```
V  X  D  N  Z  T  B  B  W  W  O  S  I  T  E
X  G  N  O  R  T  C  E  L  E  N  R  O  C  A
E  N  G  D  R  A  O  B  Y  E  K  Q  U  M  T
W  S  X  V  J  R  A  D  I  O  S  H  A  C  K
L  F  J  Y  U  L  O  Y  J  K  G  C  P  K  D
E  O  M  M  G  B  Y  H  G  G  I  B  Q  D  K
N  G  O  I  O  A  Q  V  G  N  M  B  I  K  P
R  G  N  I  G  P  E  E  T  S  J  A  E  C  G
R  N  O  L  Q  G  R  O  E  V  L  M  R  X  A
P  S  C  T  M  P  S  V  Y  U  V  C  Z  H  C
I  Z  H  A  T  H  U  K  P  I  E  W  F  L  H
D  P  R  O  C  E  S  S  O  R  H  E  X  W  M
F  L  O  P  P  Y  D  I  S  K  F  G  L  G  G
I  Y  M  R  D  O  S  D  K  F  H  A  S  B  N
X  R  E  L  P  P  A  F  I  G  G  D  D  Z  P
```

ACORN ELECTRON	APPLE	DIAL-UP
DOS	FLOPPY DISK	IBM
KEYBOARD	MACINTOSH	MONOCHROME
PROCESSOR	RADIO SHACK	RAM

Global Hot Spots

```
S D N A L K L A F M K N G I B
C R U O H E R L E B A N O N B
N S E K N V X Y E A I R C A W
O A I P O I H T E Z Z R W Y V
V I R D H A U O O Q J X Y B S
L N L I C I C P Q H A I D I I
Y Y E P J B E R L I N W A L L
Q C B M N A T S I N A H G F A
E T J O N D L S D L V U F C H
S N E G N A H C E T A M I L C
G B D R K R N E L E S Z I M Q
Q M D R Q Y E A E S P E W A S
D A Z J R R I H I F C M N C F
S Z R A Z F R R C T A X A O Z
S L L I P S L I O A K S A L A
```

AFGHANISTAN	ALASKA OIL SPILL	BERLIN WALL
CHERNOBYL	CLIMATE CHANGE	ETHIOPIA
FALKLANDS	IRAN	IRAQ
LEBANON	LIBYA	TIANANMEN

AIDS Crisis

```
P  R  E  I  D  R  B  G  Z  V  K  X  F  Z  H
G  E  T  L  I  U  Q  L  A  I  R  O  M  E  M
G  M  I  Y  U  V  J  O  O  H  O  Q  G  L  S
P  A  H  J  C  Q  T  T  J  V  C  I  J  G  T
G  R  W  L  J  J  P  C  D  L  S  Y  F  N  V
G  K  N  K  A  N  Z  L  L  O  I  N  T  A  U
L  Y  A  J  Y  E  Z  F  P  D  C  L  V  I  U
H  R  Y  P  H  L  G  A  E  Y  N  N  T  R  G
V  R  R  T  F  L  K  Q  V  G  A  Z  R  T  C
G  A  Z  Z  R  A  Z  D  Y  L  R  N  M  K  S
G  L  K  M  C  C  U  H  I  O  F  W  E  N  F
C  G  V  Y  M  C  P  C  X  B  N  S  A  I  W
O  Z  B  X  V  X  Q  N  L  A  A  A  A  P  H
K  A  S  C  R  Q  R  W  W  L  S  Z  I  I  F
P  K  O  G  M  H  C  I  P  U  T  C  A  I  K
```

ACT UP	AZT	CALLEN
GLOBAL	GMHC	HIV
KAPOSI	LARRY KRAMER	MEMORIAL QUILT
PINK TRIANGLE	RYAN WHITE	SAN FRANCISCO

Auto Options

```
X P U R E P M U B T C A P M I
W K N M T R K T T O P P N C F
O M F O O R L Y N I V R U W H
Z G N I L E N A P D O O W S O
X F P L E B E N C H S E A T E
M X L T O H C W L J I Q Z N R
D Q F I A X R A Y K L C O X U
M L B K K U C H L F B H U F B
Z M F T O I V V D R P S J G S
E N U L S R B A A R P S A W T
X V E U E X F D A Y Q P I B R
I V M L L L I C H I F N X B I
P P X T O O V V I P T X P G P
H E A D L I G H T W I P E R S
P S G U L L W I N G D O O R S
```

BENCH SEAT	CAR PHONE	CB RADIO
GULLWING DOORS	HEADLIGHT WIPERS	IMPACT BUMPER
MUSICAL HORN	RUB STRIPS	T-TOP
VELOUR	VINYL ROOF	WOOD PANELING

Gen-Y Names, Like, Totally Scrambled

Unscramble each name and rank in order of 1980s popularity.

It's a Girl!

_____ *Rahsa*

_____ *Isjscae*

_____ *Daanma*

_____ *Fnierejn*

_____ *EyhslA*

It's a Boy!

_____ *Orpcthrihes*

_____ *Ausjoh*

_____ *Lciameh*

_____ *Iadvd*

_____ *Ahetmtw*

Wrestle Mania

```
J  R  W  B  D  W  L  G  D  P  D  T  V  W  L
V  X  E  U  A  I  Q  E  S  X  A  N  E  C  B
F  T  N  T  T  N  O  G  O  N  N  A  H  C  U
Q  K  D  C  O  V  U  O  J  X  A  I  D  K  L
T  G  I  H  K  Z  E  D  L  A  G  G  H  Y  L
M  V  R  R  O  R  P  D  A  U  O  E  Z  A  N
I  G  I  E  Y  H  S  R  S  Z  H  H  I  K  A
S  V  C  E  R  I  C  A  G  M  K  T  D  U  K
T  V  H  D  A  R  N  Y  Q  D  L  E  I  N  A
Y  R  T  U  U  A  S  K  G  L  U  R  R  S  N
B  F  E  R  G  Z  V  N  D  M  H  D  L  Y  O
L  E  R  A  A  R  L  U  A  L  V  N  Q  M  H
U  K  Y  Z  J  V  Y  J  F  M  O  A  D  M  K
E  O  G  H  R  I  C  F  L  A  I  R  Q  I  L
N  O  H  A  M  C  M  E  C  N  I  V  E  J  V
```

ANDRÉ THE GIANT	BULL NAKANO	BUTCH REED
CHIGUSA NAGAYO	HULK HOGAN	JAGUAR YOKOTA
JIMMY SNUKA	JUNKYARD DOG	MISTY BLUE
RIC FLAIR	VINCE MCMAHON	WENDI RICHTER

Back to the Theater

```
K A R A T E K I D U H F H M D
B R E A K F A S T C L U B O E
S T A N D B Y M E M H O T X U
U E O H F S P L P Z M H V Q Q
L O V V U F L U M K E S O A X
R E L L E U B S I R R E F G E
S A Y A N Y T H I N G W J O L
L N K L U O L G Q N M H N O R
R B K J K C H P U J N M A N G
J Z T O U T S I D E R S Z I W
S S I X T E E N C A N D L E S
E T K H L Y W Q Y H P P P J S Z
A V I G N I C N A D Y T R I D
Z N I N Z K Y L M W G N X Z L
G E S O O L T O O F F L T L H
```

BREAKFAST CLUB	DIRTY DANCING	DO THE RIGHT THING
E.T.	FERRIS BUELLER	FOOTLOOSE
GOONIES	KARATE KID	OUTSIDERS
SAY ANYTHING	SIXTEEN CANDLES	STAND BY ME

Superstars

```
Y M A R Y D E C K E R L M P Z
J D R I B Y R R A L U E A O O
O Z G O T L F E W Y L U R J L
E O N I R A M N A D L F Y O L
M T A U G B F Y Z V J L L Y I
O G S D D F L O J O R B O N M
N L D M L H L G E N T Z U E A
T E E R T S O B A C I P R R H
A D J Y T M W V P U V C E K Y
N F T P C R N S Z Y O Z T E H
A S E I X Q L N L L K J T R T
U S I W E L L R A C P Z O S O
Y K Z T E R G E N Y A W N E R
A E G M G S O Y U J I Y N E O
M A G I C J O H N S O N W C D
```

CARL LEWIS	DAN MARINO	DOROTHY HAMILL
FLO-JO	JOE MONTANA	JOYNER KERSEE
LARRY BIRD	MAGIC JOHNSON	MARY DECKER
MARY LOU RETTON	PICABO STREET	WAYNE GRETZKY

1980s Trailblazers

```
X  W  N  V  B  U  Q  M  E  N  C  E  O  F  D
T  I  Q  A  L  S  A  U  A  N  A  G  P  G  Q
O  L  N  N  N  K  N  F  F  D  T  N  R  A  N
B  M  O  E  M  W  N  G  J  R  O  I  A  L  O
J  A  S  S  J  I  I  Z  R  P  N  N  H  P  S
D  M  I  S  H  M  E  P  O  I  B  E  N  V  K
S  A  R  A  T  D  L  R  N  H  L  O  I  A  C
A  N  R  W  Q  H  E  I  N  Q  X  R  I  J  A
L  K  O  I  D  C  I  N  O  J  E  G  Y  V  J
L  I  M  L  U  U  B  C  C  R  G  T  Y  K  E
Y  L  I  L  F  C  O  E  O  B  B  T  D  A  S
R  L  N  I  O  Q  V  C  Y  C  W  A  M  T  S
I  E  O  A  F  J  I  B  A  X  E  M  F  P  E
D  R  T  M  K  W  T  G  D  N  D  H  R  P  J
E  J  E  S  W  P  Z  E  E  L  E  K  I  P  S
```

ANNIE LEIBOVITZ	DAY O'CONNOR	JESSE JACKSON
MADONNA	MATT GROENING	OPRAH
PRINCE	SALLY RIDE	SPIKE LEE
TONI MORRISON	VANESSA WILLIAMS	WILMA MANKILLER

"Be Afraid. Be Very Afraid."

Choose the film that each character appeared in.

1. Freddy Krueger
- ☐ *A. The Evil Dead*
- ☐ *B. The Thing*
- ☐ *C. A Nightmare on Elm Street*
- ☐ *D. The Fly*
- ☐ *E. Near Dark*

2. Jack Torrance
- ☐ *A. The Shining*
- ☐ *B. An American Werewolf in London*
- ☐ *C. The Thing*
- ☐ *D. Aliens*
- ☐ *E. The Texas Chainsaw Massacre 2*

3. Ellen Ripley
- ☐ *A. The Fog*
- ☐ *B. Poltergeist*
- ☐ *C. Gremlins*
- ☐ *D. Aliens*
- ☐ *E. Maniac Cop*

4. Gizmo
- ☐ *A. The Shining*
- ☐ *B. Sleepaway Camp*
- ☐ *C. Gremlins*
- ☐ *D. Hellraiser*
- ☐ *E. Child's Play*

5. Jason Voorhees
- ☐ *A. Friday the 13th*
- ☐ *B. Halloween II*
- ☐ *C. Creepshow*
- ☐ *D. A Nightmare on Elm Street*
- ☐ *E. Beetlejuice*

6. Pinhead
- ☐ *A. The Changeling*
- ☐ *B. The Howling*
- ☐ *C. Fright Night*
- ☐ *D. Day of the Dead*
- ☐ *E. Hellraiser*

7. Leatherface
- ☐ *A. Halloween II*
- ☐ *B. Poltergeist*
- ☐ *C. The Fly*
- ☐ *D. The Texas Chainsaw Massacre 2*
- ☐ *E. Pet Sematary*

8. Peter Venkman
- ☐ *A. The Shining*
- ☐ *B. Possession*
- ☐ *C. The Thing*
- ☐ *D. Ghostbusters*
- ☐ *E. Aliens*

9. Chucky
- ☐ *A. The Fog*
- ☐ *B. Videodrome*
- ☐ *C. A Nightmare on Elm Street*
- ☐ *D. Beetlejuice*
- ☐ *E. Child's Play*

10. Michael Myers
- ☐ *A. Halloween II*
- ☐ *B. Children of the Corn*
- ☐ *C. Ghostbusters*
- ☐ *D. Aliens*
- ☐ *E. Hellraiser*

Video Killed the Radio Star

```
P T O H N S T V E R X W O I G
T O N W O U R Q B E Q S N M N
E Y C H E Q E J T M Y V N B I
R A E B L F L Y R M R N O R H
E W I T E L L R U A C U I E T
B S N U M A I S E H S R T Y O
Y I A V A H R I C E E Y A A N
R H L Y H P H C O G V G N R R
R T I Q C X T Y L D O Z M P O
E K F X A F Z F O E D F H A F
B L E N M D P F R L N L T E Y
P A T B R G L Y S S E N Y K E
S W I V A L L I T C H J H I N
A S M Y K P F W I B W P R L O
R X E K T A K E O N M E C A M
```

KARMA CHAMELEON	LIKE A PRAYER	MONEY FOR NOTHING
ONCE IN A LIFETIME	RASPBERRY BERET	RHYTHM NATION
SLEDGEHAMMER	TAKE ON ME	THRILLER
TRUE COLORS	WALK THIS WAY	WHEN DOVES CRY

Choice Fashion

```
D B X L V K L S A D G I J W G
E V R Z B E P L C R R N Y Z K
T J E G Y A J M X V K A I I S
S A F A N N Y P A C K P O L J
I U K D O E E V M T H V T T B
A G E Y P R G H H P C S E D L
W X Q T E A O S A D C L G E V
H Y Z N D N T C A P L Q G U L
G P E J I I I S E U O W J K K
I P R P S D J K M D A N P K V
H E V Z W K P R Q R N O E N W
V R I A H G I B M T X M E K G
M P S D A P R E D L U O H S B
J H R R S D R Q Q L X T A H S
Q U I X A S O U M F Y Z C H Y
```

ACID WASH	BIG HAIR	BLING
FANNY PACK	HIGH-WAISTED	LEG WARMERS
MULLET	NEON	PREPPY
SHOULDER PADS	SIDE PONY	SPANDEX

Paparazzi Prey

```
S Q C Y N D I L A U P E R H I
E A S A C L L W L E Q U X Z Z
A X S D L E I H S E K O O R B
N B F I A Q N O E X F B V M T
P R Y G O K K A F J J Z R A G
E E B X Y W T P L N R X W D R
N E J A C K I E O Y B S N O P
N F Y B W C A O T Y D U A N N
B B R X C H G B V S L B P N N
Z L G O C K T Z T G V P O A C
D E S I U R C M O T S C X B H
I E M C R C M D A E X S P V E
E L I Z A B E T H T A Y L O R
M M I C H A E L J A C K S O N
C Z T Y T P R I N C E S S D I
```

BOB DYLAN	BROOKE SHIELDS	CHER
CYNDI LAUPER	ELIZABETH TAYLOR	JACKIE O.
MADONNA	MICHAEL JACKSON	MICHAEL J. FOX
PRINCESS DI	SEAN PENN	TOM CRUISE

True Crime

```
W A Y N E W I L L I A M S U N
A Y E L R A F D R A H C I R N
R E M H A D Y E R F F E J O G
S O U T H S I D E S L A Y E R
O Z X W Q O T X K W D M Q U T
T O U U N A B O M B E R K Q M
T S G N I K D I C A H F E C Z
I D C H A R L E S S T U A R T
S Z N H E N R Y L U C A S Y P
T O N A L L E T S A C L U A P
O M Z O A Q R J W Q H J Y U I
O Z R E L L I K R E B I L A C
L I T N I G H T S T A L K E R
E E H Y I M C D E B N S Z N N
V Y U X R G M Q H O S Y S U E
```

ACID KING	CALIBER KILLER	CHARLES STUART
HENRY LUCAS	JEFFREY DAHMER	NIGHT STALKER
OTTIS TOOLE	PAUL CASTELLANO	RICHARD FARLEY
SOUTHSIDE SLAYER	UNABOMBER	WAYNE WILLIAMS

Just Match It!

Match the popular 1990s slogan with its product.

1. _____ Where's the beef?   A. AFTA

2. _____ The choice of a new generation.   B. CAMPBELL'S

3. _____ I don't want to grow up!   C. FOLGERS

4. _____ So kiss a little longer. Hold hands a
little longer. Hold tight a little longer.   D. FEDEX

5. _____ By Mennen!   E. WENDY'S

6. _____ We've got a soup for that.   F. TOYS R US

7. _____ I've fallen and I can't get up!   G. NIKE

8. _____ The best part of waking up.   H. LIFE ALERT

9. _____ When it absolutely, positively has to   I. BIG RED
be there overnight.

10. _____ Just do it.   J. PEPSI

One-Hit Wonders

```
R  Q  A  Y  E  C  N  A  D  Y  T  E  F  A  S
R  J  V  N  H  Q  B  W  N  I  E  U  S  N  O
Z  M  E  H  Z  W  U  N  E  M  E  D  I  J  W
D  I  F  Z  A  R  X  E  M  E  O  F  E  C  T
U  C  Q  O  F  T  A  E  G  L  S  P  V  I  S
E  K  E  K  O  L  L  L  N  T  H  G  O  W  E
Q  E  W  O  Y  L  E  I  I  W  T  F  L  A  K
U  Y  S  D  C  C  R  E  N  I  Q  C  D  N  A
S  H  I  F  W  E  W  N  I  T  T  A  E  T  T
Y  G  M  T  L  O  W  O  A  H  W  I  T  C  T
Z  T  B  J  T  H  O  E  R  Y  G  N  N  A  I
C  V  H  B  I  P  K  M  S  O  X  A  I  N  C
A  A  J  P  R  L  Y  O  T  U  J  M  A  D  S
S  L  I  D  Q  V  R  C  I  N  C  Y  T  Y  Y
S  T  P  R  I  Q  S  Y  Z  G  C  I  J  W  W
```

COME ON EILEEN	I MELT WITH YOU	IT'S RAINING MEN
IT TAKES TWO	I WANT CANDY	MANIAC
MICKEY	RELAX	SAFETY DANCE
TAINTED LOVE	TOO SHY	WHIP IT

What Was on the Tube?

```
A Q C A L Z H S P E C B P A V
S A V E D B Y T H E B E L L O
G G Q B D M X S K A U M P F D
R S R E T T A M Y L I M A F X
B C K O A T P B U M C R P K B
F Y C I W B E L P Q F G R T I
E Q Q Z F I R J R Z N T U M D
S S L R I G N E D L O G J C W
U G W J Q D A G Q G D N G W Z
O J N S L R V V P C E D V T W
H S R E E H C G R A P A R T L
L E N N A E S O R C I W S Q M
L C O S B Y S H O W T N T S W
U N P A J S N O S P M I S K U
F Z Q Y S E I N F E L D S P D
```

ALF	CHEERS	COSBY SHOW
FAMILY MATTERS	FULL HOUSE	GOLDEN GIRLS
GROWING PAINS	MTV	ROSEANNE
SAVED BY THE BELL	SEINFELD	SIMPSONS

Gnarly Games

```
H G P A I N T B A L L L B O V R
F N S K H Y I K B P T M V O C
M I E C M R U Z D F A V L G R
S C D A E Z S E I S H L C D U
S N A S P Q R U O A E O F K B
E A C Y L W U J G R M L S O I
M D R K S P P F B N I A D O K
A K A C R R L L S A I S G S S
G A V A S P A G N M G E E H C
C E A H I D I P J C T R S B U
P R I O I P V X O A K T O A B
G B L N Q V I N A P U A A L E
A M G V D X R T Q T L G A L J
J Z P K R M T M P X J E Z S S
R P W Z B M X B I K E S W P A
```

<table>
<tr><td>ARCADES</td><td>BMX BIKES</td><td>BREAK DANCING</td></tr>
<tr><td>HACKY SACK</td><td>KOOSH BALL</td><td>LASER TAG</td></tr>
<tr><td>PAC-MAN</td><td>PAINTBALL</td><td>PC GAMES</td></tr>
<tr><td>ROLLERBLADING</td><td>RUBIK'S CUBE</td><td>TRIVIAL PURSUIT</td></tr>
</table>

Totally Tubular Toys

```
C A B B A G E P A T C H C G W
W M Y L I T T L E P O N Y N B
R P I N N Z S M N N T M B B V
A T L P O I Y W L I W O Q P S
I R R O G E P A D N K S C E D
N A I G Y L K T W J R P I K O
B N G O J L O A U A G P D U N
O S N B P J I W E T P L Y F K
W F A A N M J B O U F J J W E
B O C L B U E C P R P X G P Y
R R I Q O R V D Y T M U U U K
I M R D A W N J R L Z L O H O
T E E C O U L W G E L U X M N
E R M Y O B O Q W S F R F E G
R S A P P O L L Y P O C K E T
```

AMERICAN GIRL	CABBAGE PATCH	CARE BEARS
DONKEY KONG	GLO WORM	MY LITTLE PONY
NINJA TURTLES	POGO BAL	POLLY POCKET
POUND PUPPIES	RAINBOW BRITE	TRANSFORMERS

The 1990s

Across

1 Nicknamed The Juice, this man was accused of murdering his ex-wife and her friend, resulting in one of the most publicized criminal trials in history. (1995)

4 The first entirely computer-animated feature film and the first film released by Pixar Animation Studios. (1995)

7 Sir Tim Berners-Lee officially invented this information system in 1990.

9 Known as the People's Princess, this member of the British royal family was known for her involvement in charity work up until her death. (1997)

10 Musical artist whose version of Dolly Parton's original song "I Will Always Love You," became an instant sensation. (1992)

Down

2 The first woman to serve as attorney general. (1993)

3 Film directed by James Cameron that was the third-highest-grossing film of all time and won 11 Academy Awards. (1997)

5 Name of Colorado high school where Eric Harris and Dylan Klebold killed 12 students and one teacher. (1999)

6 President Clinton had an affair with this White House intern and was impeached on the grounds of perjury to a grand jury and obstruction of justice. (1998)

8 Jeff Bezos started this online marketplace that operated out of his home garage and originally only sold books. (1994)

Globalization

```
P H T E K R A M L A B O L G H
H T W O R G C I M O N O C E A
H P H Q T J N O I T A R G I M
E C O L O G Y M O V E M E N T
H O D M U F R E E T R A D E N
L I X F R N O E D F N U L C A
A N O G I Q Z J X D Q N K J F
J J L X S K E W U B T O U U T
J P K T M I I N T E R N E T A
N O I T C U D E R N O B R A C
E G N A H C X E E R U T L U C
E L A N O I T A N I T L U M M
N Y H H R K U D T T T L X A I
T U I F C F A U K Q J H E W P
U S T R O P X E T K I A F Z V
```

CARBON REDUCTION	CULTURE EXCHANGE	ECOLOGY MOVEMENT
ECONOMIC GROWTH	EXPORTS	FREE TRADE
GLOBAL MARKET	INTERNET	MIGRATION
MULTINATIONAL	NAFTA	TOURISM

Beyond the Big Three Networks

```
D J S O N A R P O S A J U R Y
D N A B O B E G N O P S E S R
R O L O C G N I V I L N I L A
N V U E V X L V O M A Q O R K
S M A J V T M N M N A B D I W
F U T U R A M A D D I I Q G O
Y E J N O I C S O L Q Y V F H
L D C Z R F T B L R W U P F S
P J K Z M I Q M K O X G T U Y
C Q O U M X A F D W N Y V P L
F F L P C H F R W L L L V R I
Q L Y X E H R E P A F I Q E A
R Z Y R Y P I E K E J M O W D
Q M T A N G E G H R X A I O K
J S O U T H P A R K X F C P F
```

BILL MAHER	DAILY SHOW	FAMILY GUY
FUTURAMA	IN LIVING COLOR	MTV JAMS
POWERPUFF GIRLS	REAL WORLD	REN AND STIMPY
SOPRANOS	SOUTH PARK	SPONGEBOB

143

Toys Kids Want

```
D  R  X  Z  S  J  Y  I  W  A  T  G  P  B  O
M  E  Y  G  S  S  K  Y  D  A  N  C  E  R  S
I  K  B  X  P  R  H  V  K  B  P  G  W  S  L
L  A  T  N  H  K  G  C  A  M  U  V  M  Y  L
E  O  I  Q  D  T  A  L  K  B  O  Y  X  Y  A
H  S  C  P  O  K  D  P  F  R  E  N  G  C  R
G  R  K  B  E  A  N  I  E  B  A  B  I  E  S
A  E  L  F  H  K  T  P  O  K  E  M  O  N  B
M  P  E  G  M  I  G  L  E  A  P  F  R  O  G
E  U  M  Z  U  D  B  W  E  V  M  U  W  M  E
B  S  E  S  U  H  X  G  K  Y  B  R  U  F  K
O  I  E  L  W  U  Z  Z  B  V  E  T  U  Z  L
Y  F  L  P  O  W  E  R  R  A  N  G  E  R  S
X  V  M  F  F  D  D  R  C  S  H  M  E  M  Q
C  E  O  P  D  T  A  M  A  G  O  T  C  H  I
```

BEANIE BABIES	**FURBY**	**GAME BOY**
LEAPFROG	**NERF**	**POKÉMON**
POWER RANGERS	**SKY DANCERS**	**SUPER SOAKER**
TALKBOY	**TAMAGOTCHI**	**TICKLE ME ELMO**

Preparing for Y2K

```
K  D  B  T  X  V  H  J  H  I  R  Z  N  E  X
S  O  W  H  X  Y  S  T  E  S  W  P  T  A  M
X  O  M  G  J  P  F  A  H  S  A  C  Q  Z  L
F  F  D  I  K  C  U  O  G  O  T  H  F  S  M
C  D  R  L  E  R  Y  I  I  T  E  I  G  X  R
E  E  J  H  A  M  F  D  N  S  R  E  I  R  E
N  N  J  S  B  A  A  L  T  S  N  X  P  X  P
I  N  W  A  C  R  Y  E  T  E  Z  J  U  P  A
C  A  H  L  G  G  K  A  R  I  V  G  B  X  P
I  C  Q  F  E  N  I  A  D  R  Q  L  L  L  T
D  Q  E  K  A  D  T  E  E  E  U  N  N  N  E
E  F  V  L  K  O  R  M  S  T  Q  V  C  L  L
M  C  B  I  R  K  I  X  T  T  J  H  O  V  I
T  L  T  S  L  H  E  G  H  A  T  N  L  Y  O
I  C  C  E  W  B  I  A  S  B  S  K  I  K  T
```

BATTERIES	BLANKETS	CANNED FOOD
CASH	FIRST AID KIT	FLASHLIGHT
GAS	GENERATORS	MEDICINE
RADIO	TOILET PAPER	WATER

Fact or Fiction?

Are these facts about 1990s books and authors true or false?

1. *Oh, the Places You'll Go!* by Dr. Seuss made it to the top of the New York Times Fiction Best-Seller list in 1990.

☐ *True*
☐ *False*

2. Michael Crichton wrote both the original *Jurassic Park* (1990) novel and its sequel, *The Lost World* (1993).

☐ *True*
☐ *False*

3. *American Psycho* was written by American horror author Stephen King. (1991)

☐ *True*
☐ *False*

4. Between 1992 and 1997, 62 Goosebumps books were published. (1992)

☐ *True*
☐ *False*

5. Barack Obama's first book was a memoir titled *Dreams from My Father: A Story of Race and Inheritance*. (1995)

☐ *True*
☐ *False*

6. Chuck Palahniuk's novel *Fight Club* features a mysterious unnamed narrator. (1996)

☐ *True*
☐ *False*

7. Frank McCourt's *Angela's Ashes* is a fictional tale about life in Ireland. (1996)

☐ *True*
☐ *False*

8. Toni Morrison's *Paradise* never made it to the best-seller list. (1997)

☐ *True*
☐ *False*

9. *Harry Potter and the Sorcerer's Stone* was published with the same title in both the U.K. and the U.S. (1997)

☐ *True*
☐ *False*

10. George R. R. Martin's *A Clash of Kings* is the first book of the A Song of Ice and Fire series. (1998)

☐ *True*
☐ *False*

Fashion Runway

```
N K M V Z Z N O U P T T T P N
S P C S P I T D E H C A E L B
Z J L S R E K A E R B D N I W
T D A A K Y E G N U R G U R R
P H V G T S E I H C N U R C S
O P L G Z F R B M F I F P T D
T S U I U B O V E R A L L S P
P R V N N Q H R C P I X D C L
O E F G O P B V M F J M W Z P
R K M P H T K E A S O T B Q M
C O K A G K T P Q H H U L M J
O H F N H U H U N S B O S X K
Q C T T P Q V G B X D X E W W
B D T S P O O H P P F F I S T
Q C R J S N A E J D E R A L F
```

BLEACHED TIPS   BUTTON UP   CHOKERS

CROP TOP   FLARED JEANS   GRUNGE

HOOPS   OVERALLS   PLATFORM SHOES

SAGGING PANTS   SCRUNCHIES   WINDBREAKERS

Names for Perfect Storms

```
Z Z F Z T I N I K I R E N E J
Z V J W U Q Q F C E E U Q R X
K C W V J R G E O R G E S N W
C T M W K Y Z N W S A J H H L
M I T C H V E Y S L R I Z A P
S B S K T Q D E L E F P P E O
J Q Z H T S A I P N B O B Z G
H F W R Q X S D L A L M E Y P
L B R U Y O O J A R I U P H U
R B R H N P O P S F N P D B B
H G Z T W M D Y O L F B B E X
E G P R Y H C W B K S I R Q Z
B G Q A J S F B A A N T H T T
A N D R E W Z B E C H Y T I Y
D M L F E E S U V A H K Y S I
```

ALLISON	ANDREW	ARTHUR
BERTHA	BOB	FLOYD
FRAN	GEORGES	INIKI
IRENE	MITCH	OPAL

148

CD Player

```
A H N E W K I D S W B Y Q D X
P A F L H R F H E M S R P L H
E N Q C J R J S E G Y X U I T
P S W R I R T N F K O H V H S
N O H U V L S S O F B W S C K
T N J B I V J Y A W T X L S B
L X B F D Z K N Q N E V R Y D
A Y E D C L T C E P E R I N E
S T E E R T S M A E R D G I H
L A I J V W I U K S T Y E T C
P S U R A I X J O Z S X C S T
C F U S Z Y X H N X K C I E I
V F E Y I Q G Y Y I C H P D W
K N O D B P R K J N A P S J B
Z B L P F T Q X D I B Y L P B
```

BACKSTREET BOYS	BOYZ II MEN	B*WITCHED
DESTINY'S CHILD	DREAM STREET	HANSON
NEW KIDS	NSYNC	SALT-N-PEPA
SPICE GIRLS	TLC	WESTLIFE

Tech Reboot

```
W  U  Q  T  M  A  J  H  L  M  V  Z  B  Y  J
I  E  J  K  W  N  U  I  T  G  L  S  Z  V  Z
D  V  D  G  A  R  M  I  N  M  J  F  O  Z  U
O  Y  J  G  X  C  E  I  I  Q  L  F  I  B  A
M  A  A  W  Y  J  T  D  O  S  E  F  T  B  E
A  N  W  B  W  X  O  D  K  L  R  P  D  Y  C
P  U  T  J  E  U  P  S  J  P  A  G  E  R  V
Q  C  B  T  A  J  R  I  S  B  L  M  V  V  R
U  C  D  S  A  V  W  X  F  N  G  T  U  H  X
E  N  K  J  D  H  A  M  A  Z  O  N  I  W  Z
S  C  A  J  J  P  W  I  F  Y  O  J  Q  K  M
T  O  L  I  P  M  L  A  P  C  G  Z  I  I  C
L  N  Y  R  R  E  B  K  C  A  L  B  R  S  T
B  D  A  J  T  Z  B  A  O  L  E  Y  K  O  Y
Q  R  K  M  B  Z  K  V  W  U  O  Y  X  B  N
```

AMAZON	AOL	BLACKBERRY
DVD	EBAY	GARMIN
GOOGLE	HTML	MAPQUEST
PAGER	PALM PILOT	TEXTING

"You Can't Handle the Truth!"

Match the popular line with the 1990s movie it appeared in.

1. _____ "Life is like a box of chocolates."   *A. THE SANDLOT*

2. _____ "Houston, we have a problem."   *B. CLUELESS*

3. _____ "Dishonor on you! Dishonor on your cow!"   *C. HOME ALONE*

4. _____ "Ugh, as if!"   *D. MULAN*

5. _____ "There's no crying in baseball."   *E. TERMINATOR 2*

6. _____ "Keep the change, ya filthy animals!"   *F. APOLLO 13*

7. _____ "You had me at hello."   *G. THE SIXTH SENSE*

8. _____ "You're killin' me, Smalls."   *H. FORREST GUMP*

9. _____ "I see dead people."   *I. A LEAGUE OF THEIR OWN*

10. _____ "Hasta la vista, baby."   *J. JERRY MAGUIRE*

Booyah!

```
I  E  R  V  A  F  Y  G  K  F  P  P  L  D  F
H  O  G  N  I  D  R  A  H  B  G  E  Q  I  B
Y  R  S  D  X  B  M  W  O  O  V  N  F  Z  D
K  C  M  E  D  N  L  J  K  W  A  N  X  E  D
Z  X  H  I  V  G  A  S  R  O  N  Y  R  O  C
T  J  A  O  V  C  K  O  B  V  W  H  E  J  H
E  D  M  N  K  J  O  V  B  J  H  A  W  G  O
R  M  M  S  M  O  N  T  T  S  K  R  H  F  F
G  N  O  A  V  R  Y  D  K  E  W  D  J  H  E
T  N  Q  N  Y  D  A  L  R  S  J  A  H  R  W
F  H  M  D  S  A  M  R  X  M  G  W  O  P  M
O  E  Q  E  Y  N  I  V  D  A  G  A  S  S  I
H  I  D  R  H  G  Q  Z  E  P  A  Y  J  K  I
T  V  R  S  A  E  M  K  G  B  K  E  W  T  C
M  X  Q  N  N  O  S  Y  T  Z  X  G  E  U  L
```

AGASSI	BO JACKSON	DEION SANDERS
FAVRE	GRETZKY	HAMM
HARDING	JORDAN	KERRIGAN
KWAN	PENNY HARDAWAY	TYSON

OJ

```
U C G B E B V X Y O G E B E J
J Z N I C O L E B R O W N O E
B L N C I D M D N A N X H O L
K C A E U K W Q E M P N X C W
A C I U J Z L M A C N X S P H
T O H E E L A A S I A D G N I
O F S S H L T R E Y F O N A T
K T A H T O Z C I Q S J I M E
A T D T E W O I V Y P U L D B
E X R R F C C A I T A D W L R
L B A M H Y F C G F Y G O O O
I D K R F C M L L E V E C G N
N R A S H C U A O P X I L N C
S N M V G O Z R V K F T A O O
K C M U R R N K E U V O S R I
```

AL COWLINGS	DNA	GLOVE
JOHNNIE COCHRAN	JUDGE ITO	KARDASHIAN
KATO KAELIN	MARCIA CLARK	NICOLE BROWN
RON GOLDMAN	THE JUICE	WHITE BRONCO

153

And the Oscars Go to...

```
X V M I M X N Z S H E A S S E
M C H I D H R E F X A W C W O
J E L W N G T H O M P S O N F
J F N V Z A E L X F F Z Y Q M
I O S K B R F M H L Z V V E G
O S M A I L L I W N I B O R P
N T R J G N I D O O G A B U C
B E T Y V W H O O P I L C P R
D R G N X O D P T F E G A C S
E P S A U N O S L O H C I N N
N A L K U E G A Q T I F A A I
C Y N Y N O Q X H N W T B G K
H S E W G A K Q O G V K L J P
T M A O Q A H Q L Y G V M F O
X N S H H X J R P Z E C E V H
```

BATES	CAGE	CUBA GOODING JR.
DENCH	FOSTER	HANKS
HOPKINS	NICHOLSON	PACINO
ROBIN WILLIAMS	THOMPSON	WHOOPI

Rush Tickets

```
N E D Y H D N A L L Y K E J D
E M I S S S A I G O N Q B R Z
D M C Q N C Q N O I B D A R X
R F J B B V F C M S P V E W Z
A N G E L S I N A M E R I C A
G B U W Z K Q K K L U E B Y I
T G L H C X K O U F X J R M M
E C R A Z Y F O R Y O U J E A
R S B H A O B F C J S R S Q M
C Z Q H S T T A L E A B G S M
E T A S E P N Z G U R E C N A
S D E S Y H E D W I G B R Y M
N R N K T G R F P U V O J N I
N U N T H E L I O N K I N G P
S V X U X Y T I T A N I C X W
```

ANGELS IN AMERICA	CRAZY FOR YOU	FOSSE
HEDWIG	JEKYLL AND HYDE	MAMMA MIA!
MISS SAIGON	RENT	SECRET GARDEN
SUNSET BOULEVARD	THE LION KING	TITANIC

"Show Me the Money!"

Choose the correct prices in the 1990s for the items listed.

1. Gallon of milk

   ☐ A. $1.05
   ☐ B. $1.70
   ☐ C. $2.00
   ☐ D. $2.50

2. Beanie Baby

   ☐ A. $5.00
   ☐ B. $7.00
   ☐ C. $9.00
   ☐ D. $11.00

3. 25-inch color TV

   ☐ A. $300
   ☐ B. $499
   ☐ C. $725
   ☐ D. $900

4. New home

   ☐ A. $93,500
   ☐ B. $100,000
   ☐ C. $149,800
   ☐ D. $175,600

5. Gallon of gas

   ☐ A. $.68
   ☐ B. $.89
   ☐ C. $1.16
   ☐ D. $1.53

6. Nokia 6110

   ☐ A. $300
   ☐ B. $550
   ☐ C. $700
   ☐ D. $900

7. Single-album CD

   ☐ A. $5.99
   ☐ B. $15.00
   ☐ C. $23.75
   ☐ D. $29.50

8. DVD player

   ☐ A. $400
   ☐ B. $599
   ☐ C. $760
   ☐ D. $1,000

All That and a Bag of Chips

```
K I D C U I S I N E K B K E D
G H K H S E L B A H C N U L U
K I I X W A R H E A D S X W N
V F H W O N D E R B A L L S K
E O G Z B N I M I O M C C M A
P R E E S E S P U F F S V T R
F C G U S H E R S T P D D R O
O I F Z P X I R A I R C J F O
Y G Z C T R I X Y O G U R T S
V O X B L N B Z W M D A G Y M
D B G S E T I B L E G A B O B
B A B B U B A B B U H R C J G
S F R U I T B Y T H E F O O T
K X L F O V R E F B K W K G S
R H E N I P P X O G B F Y J C
```

BAGEL BITES	DUNKAROOS	FRUIT BY THE FOOT
GO-GURT	GUSHERS	HUBBA BUBBA
KID CUISINE	LUNCHABLES	REESE'S PUFFS
TRIX YOGURT	WARHEADS	WONDER BALLS

157

1990s Trailblazers

```
K W T H G I R B L A W N Z N Z
G Y B A J N S Y L Q S O V O B
C N A N E J E A S Y K T T T X
B H D W F V R V T A N S E N X
E T E J F M G C I R A U N I F
R I R O B J E W N P B O R L J
N M G S E Q Y J C V A H H C O
E S I G Z Y B Q A M R Y R Y O
R L N F O M R H P L Y E Q R D
S L S D S T I K U N T N I A K
L I B S B J N X T W N T N L U
E W U A L G O R E U M I N L A
E I R M B K K J Z Q P H F I L
O C G I D F Y N N L Z W G H P
D O L L Y T H E S H E E P D K
```

ALBRIGHT	AL GORE	BADER GINSBURG
BERNERS-LEE	DOLLY THE SHEEP	HILLARY CLINTON
JEFF BEZOS	SERGEY BRIN	TUPAC
TYRA BANKS	WHITNEY HOUSTON	WILL SMITH

That's My Name, Don't Wear It Out!

```
O H C T E R A G R A M T A P E
W T T R A W E T S N O J V C O
A D R A H N R E B A R D N A S
N A K R I T A R U D N E R K D
D M U L N H B W G G R J Y S I
A I F S Z O B H J W I P Z R B
S K M N T J P R A M U P K N U
Y E P X G I H L C G J K V I T
K M R E L D N A S M A D A P T
E Y K U B I R P M M I X S Y H
S E A W T R F A O G H R I N E
L R S R E E W V N W Y W A R A
A S A Y Z I W P J R E I E X D
B M G P S I V A E B U R E Z W
W C G N A U E R V L C Z S R U
```

ADAM SANDLER	AUSTIN POWERS	BEAVIS
BUTTHEAD	JIM CARREY	JON STEWART
MARGARET CHO	MARTIN LAWRENCE	MIKE MYERS
RITA RUDNER	SANDRA BERNHARD	WANDA SYKES

Millennial Dude Names

```
F D J J U Q W D I V A D U I F
A T D M U E C L E A H C I M L
H K U P R I G R L L T D U G B
P G A D W V J E E C M K O N R
E V N B K P I K R J A C O B A
S A X E B N E X E H T H Z V N
O N G B A U S Y O W T R R I D
J P P D A N H A X A H C L A O
V T Z G H U E C L N E P F T N
V A O D S M H C T O W P D D H
I R E H P O T S I R H C V O A
E Z K P J X V E O J Z C S Z Y
E D V S P K P L A J Y Z I C K
I C C Y X I I Q B F Q Q A N H
H L P Q Q B O A R T Y L E R F
```

ANDREW	BRANDON	CHRISTOPHER
DANIEL	DAVID	JACOB
JOSEPH	JOSHUA	MATTHEW
MICHAEL	NICHOLAS	TYLER

The 2000s

Across

2 On September 11, 2001, Al-Qaeda terrorists crashed planes into the World Trade Center; in a field near Shanksville, PA; and into this building. (2001)

5 Protest where 500,000 people marched in downtown Los Angeles to protest proposed U.S. immigration policies. (2006)

6 Amazon released this electronic reading device that popularized ebooks. (2007)

8 Popular film that tied with *Ben-Hur* and *Titanic* for most Academy Awards won by a single film. (2003)

9 U.S. swimmer who won a record-breaking eight gold medals at the 2008 Olympics.

Down

1 First U.S. state to legalize gay marriage. (2004)

3 First African American president of the United States. (2009)

4 Mark Zuckerberg launched this popular social networking site. (2004)

6 Name of hurricane that devastated New Orleans and caused over 1,200 deaths. (2005)

7 Republican governor of Texas who won the presidency over Democratic nominee Al Gore. (2000)

Y2K Trailblazers

```
L  K  P  L  U  Z  R  O  Y  A  M  O  T  O  S
Q  P  N  E  X  X  V  U  B  T  E  G  B  A  U
P  R  W  K  Z  U  C  K  E  R  B  E  R  G  C
U  I  O  R  Q  R  Y  K  D  A  U  K  C  A  P
W  T  S  E  E  L  U  N  D  W  I  N  U  E  E
X  F  B  M  M  Q  E  X  Z  E  E  D  W  L  L
V  I  O  A  M  L  B  B  W  T  W  M  A  O  O
K  W  J  L  L  D  V  I  E  S  F  Y  L  N  S
U  S  E  E  D  I  S  L  B  N  N  Z  C  M  I
S  R  V  G  X  H  O  L  X  O  V  D  N  U  X
I  O  E  N  T  J  C  G  O  J  X  H  L  S  K
H  L  T  A  R  A  N  A  B  U  R  K  E  K  T
R  Y  S  S  R  Y  P  T  A  Z  B  O  S  O  U
H  A  L  S  N  Q  O  E  M  X  N  J  E  Z  Z
E  T  U  E  G  C  Y  S  A  K  B  A  I  P  N
```

ANGELA MERKEL	BILL GATES	ELLEN
ELON MUSK	JON STEWART	OBAMA
PELOSI	SOTOMAYOR	STEVE JOBS
TARANA BURKE	TAYLOR SWIFT	ZUCKERBERG

Mighty Winds

```
G Z L C G F J R M A G U U F S
I W H T E N N A E J O M P B X
S A X J O B G J P Z R Z L H V
A T H I T B U Z M J R J C A I
B I K E N A G M O F X Q T S D
E R L R Y E L R A H C S Z P W
L Z C H F P W G G J U A T W E
N I S Q M E D Q A G N V Z F Y
P L M L I F E N N P S C T G R
B B B H Q E N O I G E A F D J
N G O W Y J N S R G C N R Z Z
U E V E I Y I I T B N R Q Q T
Z H K S R L S L A I A Y O O I
G E J T F V M L K G R O O M J
R H E B S I V A N C F M F I S
```

ALLISON	CHARLEY	DENNIS
FRANCES	GUSTAV	IKE
ISABEL	IVAN	JEANNE
KATRINA	RITA	WILMA

Mad Skills

```
A T T R W Q P K G K C U X T K
B Y H U L E B R O N O S C D Z
R T Z S Z P G Q V W P B Z Z R
Y O P I U N M E R H X S I O I
A M A P I H R I E R D Z D Q P
N B O N L W Q L U Y E V J V E
T R N F Z M P S S E R E N A P
X A O H M S A S U N E V T E F
M D D Q Z I D U K K D Z B B B
Q Y P Z N D U T L D J N D A A
M G L B B R T B I Q E T P X A
F Q O M E G I M W G T J F D O
O L I S A L E S L I E O V F W
T Q Z Z I X R I Z A R R I S K
B H L O N E A L U L D H Y J H
```

BRYANT	DEREK JETER	LEBRON
LISA LESLIE	MANNING	O'NEAL
PHELPS	SERENA	TIGER
TOM BRADY	USAIN BOLT	VENUS

Major Oscar Wins

```
F B I L L Y C R Y S T A L Y V
B R O K E B A C K M T N H T P
J U L I A R O B E R T S W U H
B F D D S U L G M I B O J A K
Z Q L H A L L E B E R R Y E X
S T B G U C Z L X L C Z Y B I
L S P I R I T E D A W A Y N Z
U T S T L E D G E R Y M Y A O
M D O P B S Q N B Z X C Q C Z
D B R A K Z Y A K I X L L I K
O B Y K G J K G R A B T X R B
G V C O E L Z T H D E N Z E L
P E T E R J A C K S O N M M Q
N Z K M J M X Q G P W T J A P
N C M V P I A N I S T V G X I
```

AMERICAN BEAUTY	BILLY CRYSTAL	BROKEBACK MTN
DENZEL	HALLE BERRY	JULIA ROBERTS
LEDGER	MATRIX	PETER JACKSON
PIANIST	SLUMDOG	SPIRITED AWAY

September 11

Across

2 Nearly _____ thousand people were killed on 9/11, making this the deadliest foreign attack on U.S. soil.

3 This hero said, "Let's roll," before he and his fellow passengers attempted to overthrow the hijackers of Flight 93.

4 Nineteen terrorists hijacked four of these to carry out their attack.

6 International military campaign launched by George W. Bush in response to the 9/11 attacks.

9 The Islamic extremist group responsible for the terrorist attack.

Down

1 The passengers and crew of Flight 93 attempted to regain control and caused the pilot to crash the plane into a ___ rather than into the U.S. Capitol.

3 The two buildings that were considered the centerpieces of the World Trade Center complex.

5 Name of the New York City site where first responders, construction workers, and volunteers searched for survivors.

7 "Reflecting Absence" was the name of _____ Arad's design for the World Trade Center Site Memorial.

8 One of the archaeological remnants of the World Trade Center complex that is preserved by the 9/11 Memorial & Museum.

War on Terror

```
U K X A L Q A E D A F Q P H Q
B T C A T O I R T A P B R R O
S E A N T G R M R H S I D A T
V X Y F N P Z W S Y H R N H R
J Q N I E S S U H W O S Y U
T D W P W A Y P X N E U S E O
A R V O U K N G E X B K Y J C
H T D N T A L S H Q O B W Y L
V E M B B O T D C G M F L V A
I Y N I L R E V X M B X P R N
U G L V I V M K N J E M S F I
C A C K B R A W Q A R I O X M
T A E J L A P A F N N M J N I
W S N A T S I N A H G F A Q R
M E I S L A M I C S T A T E C
```

AFGHANISTAN	AL-QAEDA	BUSH
CRIMINAL COURT	DRONE STRIKES	HUSSEIN
IRAQ WAR	ISLAMIC STATE	PATRIOT ACT
SHOE BOMBER	TALIBAN	WTC

Diet Culture

```
M X W R Y Z V U N U E W O Z C
M J E N N Y C R A I G E B I M
O E N H V T Z O N E D I E T E
Y S I M Y N D G Q Q S G H K W
M N X S L C N A F H G H C D K
S A N N U T R I S Y S T E M P
O E Y A P Y X K T E A W I H O
U L O T K S I V V Y L A F N U
T C T K K U H W X M K T L F F
H R F I I L D X G U A C F R K
B E E N F U C R L P L H T R E
E T S S U B W A Y D I E T G V
A S B C Q O M J J R N R N X S
C A I D O O F W A R E S Q D O
H M B J K L A I C E P S H R X
```

ALKALINE	ATKINS	DUKAN
JENNY CRAIG	MASTER CLEANSE	NUTRISYSTEM
RAW FOOD	SOUTH BEACH	SPECIAL K
SUBWAY DIET	WEIGHT WATCHERS	ZONE DIET

Nobel Laureates

```
N Q N Q M A A T H A I D S Y P
A A M K T G G C C V R B A I Y
I I N H E T Z G T E R X N X E
J Y K W W N Y P T B K T N L J
G N C N G P I R I E E C A G I
N R U B K C A L B R E R N C V
I I B J B C S T E U S N S A N
X K A I O L A E O J A A L G A
I L D D C P C Y N J B M F B D
K Y N A W N O I Y W Q B A Q D
R N I B D A E J U N G M T B J
Y I L E N J T D L Q H M A G O
J N V N M Y Z W X S Z U H A A
V Z N A S P E K P R F V I L X
F S J C E X E Z N Y B D R X O
```

ANNAN	BLACKBURN	CARTER
COETZEE	DAE-JUNG	EBADI
JELINEK	LINDA BUCK	MAATHAI
OBAMA	PINTER	XINGJIAN

Silence Your Phones

```
E N L S X F N U D P I B S S J
L P O S Z I A P H H K J P A R
H X R X E D E C I R W I Q P E
S O D D P N G V C Z D E I S T
P M O A D M O Y D E C A C R T
E E F R U Z V J R F M O E E O
T N T K O P J M A U R H A M P
G G H K O O A A N N E K G R Y
U N E N W N A Z O R A Q E O R
E I R I H J V T A A F I J F R
P D I G S T A R W A R S D S A
W N N H G U T L Z M C H H N H
L I G T S H A Q S D J R W A I
T F S P Y T R W S L E Y P R A
Y B P I R A T E S K N I C T J
```

AVATAR	DARK KNIGHT	FINDING NEMO
HARRY POTTER	ICE AGE	INDIANA JONES
LORD OF THE RINGS	PIRATES	SHREK
SPIDER-MAN	STAR WARS	TRANSFORMERS

Gen Z Baby Names

Unscramble each baby name and rank in order of 2000s popularity.

Girls

_____ *Mame*

_____ *Onmaids*

_____ *Iylem*

_____ *Nnhaha*

_____ *Vaolii*

Boys

_____ *Ndaile*

_____ *Hjasou*

_____ *Twmeath*

_____ *Ilacehm*

_____ *Bcjao*

Reality TV

```
R Y B G E S U R V I V O R D A
D B L A F K P C M V M S L P M
O C T O C L Z L T O S Q B R A
G Z A S D H M J U K J N N O Z
W M U K E I E D Z C K A S J I
H I J Y E H N L L H K Q F E N
I A V I M B W A O K S V C C G
S X M Z H J O G C R Z C E T R
P S F E W B F S C I J A V R A
E D N Q E K J K S Q R D P U C
R N E H C T I K S L L E H N E
E C I T N E R P P A W J M W Z
R W H B I G B R O T H E R A N
W N T O W T O P M O D E L Y L
K E E S U O H S I H T P I L F
```

AMAZING RACE	AMERICAN IDOL	APPRENTICE
BACHELOR	BIG BROTHER	CAKE BOSS
DOG WHISPERER	FLIP THIS HOUSE	HELL'S KITCHEN
PROJECT RUNWAY	SURVIVOR	TOP MODEL

172

Word Up

```
A Q G K R W V E R U G I T T I
S M I P H T B P E N E S H S G
H T E W P X X O D S D M E P C
A J M R Z S Q H N E T A H L Q
R D D K I V Z F A N B D E E D
R J N A P C U O L O L A L N A
Y T A A W H A Y S B H N P D V
P H Y N O Q Q T I Y O H P I I
O E E Y C Z U I H L H O T D N
T F L M S Y Y C X E F J I S C
T I R M Q B H A K V B C G U I
E L A N B E N D K O C O Q N C
R Y M K K B J U C L H T O S O
X M S Z U F S A C W X H X K D
E M T N I O P G N I P P I T E
```

AMERICA (THE BOOK)	AUDACITY OF HOPE	DAVINCI CODE
HARRY POTTER	JOHN ADAMS	LOVELY BONES
MARLEY AND ME	MY LIFE	SLANDER
SPLENDID SUNS	THE HELP	TIPPING POINT

Celebrity Chefs

```
R U D R A C H A E L R A Y G E
F I Y J W K Z D B E H Y J Y Y
D E L A U R E N T I I S P N P
C H M M L O Y L C Z K C A O B
F K D I N F I L P T Y H U B C
Y W K E Y K Q R P U C K L U S
T X I O M K D B Q I J W A M F
K S M L L A G A S S E G D A B
X I B I J U R P M R Z Z E T O
L B R V C O G W R J Y L E S U
T J M E L B A W I L S O N U R
H X K R I H V D N A E P L H D
M J D W C F D I R V E Z M I A
S M Y A S M A R E W M T Z S I
G W P S N H E X J Z X R N A N
```

BOURDAIN	DELAURENTIIS	FIERI
FLAY	JAMIE OLIVER	LAGASSÉ
MELBA WILSON	NOBU MATSUHISA	PAULA DEEN
PUCK	RACHAEL RAY	RAMSAY

Epic Gaming

```
Z D S T R A E H M O D G N I K
B E P L A Y S T A T I O N E E
T E J T Q P O E N N M R A U F
X R O F A D T T J K T Y K Z P
B C B E O L T H E S I M S Z D
O S Z H G C X V Z D M C V C T
X N Y T S G M B F T E A G T H
W I V D J B G M Y N E L Q R I
W S Y N B E L V E A L L D A B
L S E A K S C I R I Q O B K W
W A O R J Z T D C U Y F O O L
R S C G K F B O L A H D F I P
G S Q O R E H R A T I U G R Z
L A D S K F O I S I Y T A A Q
I I W V D C N S V M Z Y E M O
```

ASSASSIN'S CREED	CALL OF DUTY	GRAND THEFT
GUITAR HERO	HALO	KINGDOM HEARTS
MARIO KART	PLAYSTATION	SCENE IT?
THE SIMS	WII	XBOX

Supreme Court Decisions

Fill In the Blanks

1. *Bush v. Gore* settled a ___ dispute in the state of Florida 2000 presidential election.

2. *Boy Scouts of America v. Dale* held that the Boy Scouts had the ____ right to exclude people from membership. (2000)

3. *City of Erie v. Pap's A. M.* dealt with the notion that ____ dancing was a form of free speech. (2000)

4. *Atkins v. Virginia* determined it to be unconstitutional to execute people with an intellectual ____. (2002)

5. *Board of Education v. Earls* stated that it is constitutional to require students participating in extracurricular activities to take ____ tests. (2002)

6. *Grutter v. Bollinger* held that Affirmative ____ does not break the Fourteenth Amendment Equal Protection Clause. (2003)

7. *Roper v. Simmons* determined that offenders who committed a crime under the age of ____ could not be subjected to the death penalty. (2005)

8. *Van Orden v. Perry* held that the Ten ____ monument at the Texas State Capitol did not represent religious ideals, but had historical and social meaning. (2005)

9. *Burlington Northern & Santa Fe* (BNSF) Railway Co. v. White upheld laws against sexual harassment retaliation as described in Title VII of the ____ Rights Act of 1964. (2006)

10. *District of Columbia v. Heller* protects an individual's right to keep and bear ____ unconnected to the militia. (2008)

Hot Concert Tickets

```
W L G K E N N Y C H E S N E Y
I A X L T U T Z C Y O N Q U F
L D R F P J O N W L R X I G R
H Y G G A N N O D A M F D J O
C G E I C T P E I C A U U N L
Z A Z D W M N G Q D J M Q S L
M G A Y B Z M D D C P E O T I
V A U X S P R I N G S T E E N
A C H E R T Q E T D K A H H G
W R E N R U T A N I T L Y O S
E K S J N B R S T W Q L K Z T
B E Y O N C E V S J X I R V O
W S G I Y O V H F Q Z C N V N
L F X Q Q K A B B X J A S C E
P K N O I D E N I L E C Z Q S
```

AC/DC	BEYONCÉ	CELINE DION
CHER	KENNY CHESNEY	LADY GAGA
MADONNA	METALLICA	ROLLING STONES
SPRINGSTEEN	TIM MCGRAW	TINA TURNER

Bling Bling

```
Q  F  V  S  T  N  A  P  A  G  O  Y  P  S  Q
E  J  S  K  D  L  P  C  L  R  S  C  Y  S  N
X  G  O  W  G  R  E  O  H  I  R  I  E  O  Y
T  P  H  D  K  Y  P  B  T  M  U  U  Y  L  I
V  Z  C  J  W  O  Z  L  D  R  Z  J  G  G  M
N  Y  N  K  R  H  F  O  H  E  E  R  T  P  Z
V  Q  O  U  A  W  U  W  T  F  D  T  Y  I  U
T  J  P  O  L  P  N  R  I  M  Z  D  L  L  N
N  X  E  Z  I  H  A  I  O  X  C  N  U  A  A
P  O  P  C  O  R  N  S  H  I  R  T  J  T  H
I  X  C  P  W  U  L  E  D  R  N  E  W  A  S
I  K  R  E  V  B  E  D  A  Z  Z  L  E  U  X
B  S  G  I  V  P  P  S  C  O  R  C  N  J  I
S  X  E  N  S  T  N  A  P  O  G  R  A  C  O
P  S  T  A  H  R  E  K  C  U  R  T  Z  X  C
```

BEDAZZLE	CARGO PANTS	CROCS
HALTER TOP	JUICY	LIP GLOSS
LOW-RISE	PONCHOS	POPCORN SHIRT
STUDDED BELT	TRUCKER HATS	YOGA PANTS

Break a Leg

```
S  F  B  R  S  J  E  R  S  E  Y  B  O  Y  S  S
B  Y  S  T  X  E  W  F  D  Y  S  Z  J  L  L
O  A  T  O  W  X  G  G  W  B  H  E  A  K  D  D
W  R  H  I  H  Y  O  A  C  N  S  J  I  L  M
T  P  G  L  Q  O  E  H  F  X  R  L  A  W  Y
O  S  I  L  A  M  R  O  N  O  T  T  X  E  N
L  R  E  E  V  L  I  A  N  L  K  U  M  W  U
A  I  H  Y  A  V  E  N  U  E  Q  C  G  Z  D
M  A  E  L  Q  G  W  D  T  U  F  P  O  V  D
A  H  H  L  N  Z  K  J  S  L  E  C  G  R  E
P  F  T  I  N  B  R  D  G  R  B  H  Y  D  K
S  I  N  B  S  T  Q  H  H  D  H  A  L  S  C
Z  K  I  B  Z  N  W  O  T  E  N  I  R  U  I
E  L  P  R  U  P  R  O  L  O  C  F  V  H  W
S  P  R  I  N  G  A  W  A  K  E  N  I  N  G
```

AVENUE Q	BILLY ELLIOT	COLOR PURPLE
HAIRSPRAY	IN THE HEIGHTS	JERSEY BOYS
NEXT TO NORMAL	ROCK OF AGES	SPAMALOT
SPRING AWAKENING	URINETOWN	WICKED

Disrupters

```
L L D T W A R F Y O W Y R M T
V E X Q A B E B U T U O Y W N
L Y F I T O P S C L G J J J C
W E X P T T V I T L T J Y Z V
W X U S K Y P E J N W Y T P M
L X A U B R E Q T E S L A S G
M N L G A J E D Q T Q R U F J
R W M Y T P J T Y F F J D O E
K Y U Z Y W P O T L M I O D X
T V F G L K O S Q I Y X P H N
K O O B E C A F T X W T I L Y
C F M Y S P A C E O G T O W C
W G S U K N I R I P R S Q F D
I H N S V G X A P G N E N N Q
R Z M B Q Q B E L D N I K C Y
```

APP STORE	FACEBOOK	IPOD
KINDLE	MYSPACE	NETFLIX
SKYPE	SPOTIFY	TESLA
TWITTER	USB	YOUTUBE

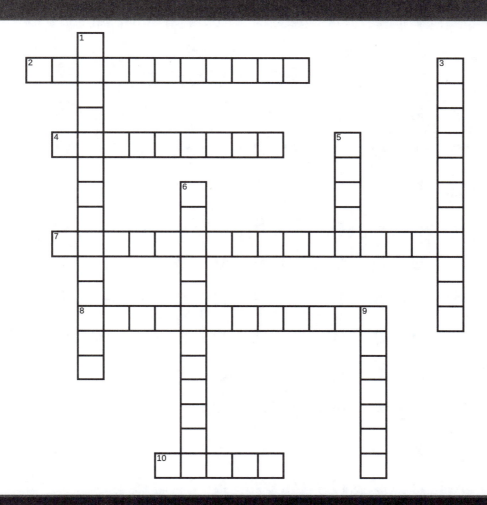

Across

2 This baseball team won the World Series in 2016, marking their first World Series win in 108 years.

4 A gunman opened fire on this elementary school in Newtown, CT, killing 26 people. (2012)

7 This hashtag was created in response to the acquittal of George Zimmerman, who had been accused of killing Trayvon Martin. (2013)

8 From 2015 through 2019 historic record-high ____ were reached in the U.S.

10 This movement united women who experienced sexual harassment and assault from men in positions of power.

Down

1 During the 2016 election, this woman became the first female presidential nominee of a major U.S. political party.

3 This former reality TV star and real estate tycoon won the 2016 presidential election.

5 COVID-19 was first identified here in December 2019 and later was declared a public health emergency of international concern.

6 This event on August 21, 2017, was the first such event visible across the U.S. since 1918.

9 This former CIA employee leaked classified information on the U.S. National Security Agency's global surveillance programs. (2013)

Going Viral

```
A Z N E U L F N I N A I V A P
N D I Q B P C E W I L Y Y I Q
Z E E K S F B X Z Q S U X B Y
M D F M A O S T T D Y Q M X A
H L S E L X R V J T P G Z X H
D W C A L L E N O M L A S I T
M P M S B Y A Q D Y W U K K U
V A H L B N J C H O L E R A V
O I J E C B H X Z F Q S I N H
A R S S L I S T E R I O S I S
Z A R V D H Y N X E B L D P H
P L E L S J I R W J G B I N Y
Y A M W H W S A R S P D V S N
E M W F S E T H P O B T O S Y
J P J G J E L D M K K X C O L
```

AVIAN INFLUENZA	CHOLERA	COVID
EBOLA	LISTERIOSIS	MALARIA
MEASLES	MERS	SALMONELLA
SARS	SWINE FLU	ZIKA

AFZ

```
D F O J A W J H A K Y T N P X
B I J N U Y P B O W U J R E J
Q Z G F S X J N S F W U T E E
I K N J N E P S F H X B S J C
Z H Y O H U V G E K K A W K Y
G J K C P U J P F L Z E Q Z H
V E Y S M L D R T Q X W E T L
A E W O U S M O U B R D L T D
V Y Z O Y E O M O F A K X T R
T T K S Q C W M F Q F Q C F Z
T I V G W F D W A J D Z E E M
G K V S H S K Q J I M I N O S
Q U R C B O X R O F L A F K O
U M W A P G Y W A C F X L K E
Q H P Q O J M R G K U T E R I
```

AFK	BAE	CYO
FOMO	HMU	LMS
MMORPG	NSFW	PAW
ROFL	TL;DR	WFH

Immigration

```
Z  R  P  D  R  O  Y  B  E  C  K  Y  O  V  M
E  U  T  E  V  A  R  O  Z  A  X  R  G  S  O
R  D  A  T  E  R  O  M  Z  E  N  E  M  I  J
O  X  Z  E  J  Z  E  V  X  J  D  P  D  S  O
T  O  F  N  U  N  N  V  N  J  D  B  B  I  P
O  S  B  T  E  U  C  H  L  I  Y  C  S  R  F
L  M  C  I  T  I  Z  E  N  S  H  I  P  C  S
E  M  R  O  K  D  D  W  W  X  A  N  O  R  M
R  B  R  N  T  D  A  P  A  H  S  U  E  E  Y
A  W  E  C  W  L  V  C  C  Z  J  M  X  D  E
N  Z  C  E  L  R  A  B  A  B  A  H  D  R  C
C  L  I  N  L  D  A  O  R  E  Z  O  O  O  X
E  Y  R  T  P  W  E  E  R  I  U  N  K  B  A
E  M  O  E  U  F  E  D  S  L  K  V  E  P  T
Y  G  P  R  M  U  L  Y  S  A  V  Q  D  P  J
```

ASYLUM	BORDER CRISIS	CITIZENSHIP
DACA	DAPA	DETENTION CENTER
DREAMERS	ICE	JIMÉNEZ MORETA
ROY BECK	WALL	ZERO TOLERANCE

Buzz-Worthy Athletes

```
Y D I A N A T A U R A S I B G
K T C C N N O V Y E S D N I L
C N C J N W D G W Y Y X E H O
E A R X I N Y U E C O O T S Z
D R K O S O O J R S N M U A B
E U U F G J Z Q N I W I O H M
L D Q T M E Y B P E R K R O X
E N Y I H S R A O N X E T N C
I I N U Q A R F Y F D O E Y T
T V H I E N Y K E F U L K L E
A E U I A P N Y B D U H I E W
K K F G V P I M D C E C M T Z
A M E R I C A N P H A R O A H
D M S T E P H C U R R Y E K M
A L E U N A M E N O M I S R F
```

AMERICAN PHAROAH	CHLOE KIM	DIANA TAURASI
KATELYN OHASHI	KATIE LEDECKY	KEVIN DURANT
LINDSEY VONN	MEGAN RAPINOE	MIKE TROUT
ROGER FEDERER	SIMONE MANUEL	STEPH CURRY

Fake News?

Strangely true or patently false?

1. A man from Boston put his soul up for sale on eBay for $5,000. (2010)

☐ *True*
☐ *Fake News*

2. A woman from Ohio called 911 in the hopes of getting a date. (2010)

☐ *True*
☐ *Fake News*

3. An escaped bear from a zoo in Delaware broke into a local bakery and ate all of their honey. (2011)

☐ *True*
☐ *Fake News*

4. A man was able to brew a wild ale from yeast cultured from a beard. (2012)

☐ *True*
☐ *Fake News*

5. A large, mysterious eyeball was discovered on a beach in Florida. (2012)

☐ *True*
☐ *Fake News*

6. A college student dressed up as a yellow Teletubby and broke in to a home to steal leftover Chinese food. (2014)

☐ *True*
☐ *Fake News*

7. A llama chase in Sun City, AZ, aired on Fox News. (2015)

☐ *True*
☐ *Fake News*

8. A man in California was attacked when trying to take a selfie with a giraffe. (2015)

☐ *True*
☐ *Fake News*

9. A Florida man broke in to jail to reconnect with old friends. (2015)

☐ *True*
☐ *Fake News*

10. A serial burglar in Oklahoma covered the floors of his victims' homes with pasta sauce and banana peels. (2018)

☐ *True*
☐ *Fake News*

Electric Cars

```
L  R  I  K  S  C  K  Z  S  T  L  P  K  D  H
U  B  C  H  J  O  O  H  L  S  Y  Y  A  T  N
O  Y  U  T  J  C  C  O  J  T  W  U  Z  S  B
S  B  W  Z  S  C  V  M  F  M  L  F  Z  U  I
J  Y  T  X  Y  Z  A  C  N  T  O  A  Q  T  W
T  A  F  V  R  W  Y  O  B  Z  O  E  M  D  G
L  R  Y  L  J  C  R  D  T  E  S  L  A  F  T
H  U  T  Z  R  T  F  H  E  Q  N  C  O  O  M
R  F  I  S  E  A  J  Y  V  H  F  T  W  Q  A
H  L  R  F  N  Y  P  F  G  I  X  F  Z  P  J
Y  V  A  L  I  C  R  I  P  Y  H  O  C  N  S
W  T  L  F  T  A  A  E  C  A  P  I  E  C  H
V  U  C  V  L  N  Y  S  O  U  C  E  X  U  G
R  N  I  R  O  L  K  D  O  A  I  U  O  K  M
V  L  G  K  B  R  F  L  O  G  E  Q  O  P  P
```

BOLT	CLARITY	E-GOLF
E-TRON	I-PACE	KONA
LEAF	NIRO	SOUL
TAYCAN	TESLA	VOLT

Disasters of the Decade

```
E E Y S N W G D W E H T T A M
R K D P A D O R I A N H G S F
T A H X L K J D O L R G T T Y
A U P V U D Y I M Z G S U Y F
G Q Y V F L O R E N C E I P Z
K H D N H D A I R A M R E H U
B T T L E A H C I M V I E O H
Q R P Y S A R J H A D F T O Z
W A I D E T Q V V T V D M N V
X E R B J Y V Q E S W L K H T
V I M J C M J O A Y A I K A B
F T A S W D E N E R I W X I D
D I Y Z U C D R B S M A P Y D
M A U D M Y M T L Z X C J A A
H H N Y W Z S G V I X K K N B
```

CA WILDFIRES	DORIAN	FLORENCE
HAITI EARTHQUAKE	HARVEY	IRENE
IRMA	MARIA	MATTHEW
MICHAEL	SANDY	TYPHOON HAIYAN

Apps to Kill Time

```
L C L A S H O F C L A N S X T
U F C C E D D W X O Y T H J Q
Y R S U I T H L I Z F Z S X M
M U U T B A A P E F F G U P K
O I B T M F N O T W K R R M I
R T W H O L G C W N F H C U K
O N A E Z N R K W V W K Y J R
N I Y R S V Y E S M Z W D E X
T N S O V F B T D G S B N L C
E J U P S O I G Z P H F A D F
S A R E T N R O M L L F C O W
T P F C N N D D Q S C O K O A
G K E E A F S S H X K Z R D X
V F R I L H X F F M I T K S F
E H S D P O K E M O N G O E M
```

ANGRY BIRDS	CANDY CRUSH	CLASH OF CLANS
CUT THE ROPE	DOODLE JUMP	FRUIT NINJA
MORON TEST	PLANTS VS. ZOMBIES	POCKET GOD
POKÉMON GO	SUBWAY SURFERS	WWF

Binge-Worthy TV

```
T H I S I S U S L L H I S S E
L Z B S H Y Y T R T H F G D D
L D Y D S H T O I Q A E N Q O
N A W R I A O O G E D L I O W
F E B A K N V R W F A X H B N
R D R C C D C V E X B C T D T
Q G Q F A M L Y N L G D R E O
I N N O L A T Y M D N B E R N
T I D E B I F C J M I B G L A
R K Z S C D X Q S R K R N J B
A L U U G S H S E C A L A H B
A A R O L T K P N H E Q R O E
D W F H N A Q T Q A R A T W Y
P E E V F L K F T K B M S Y Y
Z M G A M E O F T H R O N E S
```

BLACK-ISH	BREAKING BAD	DOWNTON ABBEY
GAME OF THRONES	HANDMAID'S TALE	HOUSE OF CARDS
NEW GIRL	ROOTS	STRANGER THINGS
THIS IS US	VEEP	WALKING DEAD

Envelope, Please

Match the groundbreaking Oscar winner to their film.

1. _____ Kathryn Bigelow   *A. GRAVITY*

2. _____ Emmanuel Lubezki   *B. A STAR IS BORN*

3. _____ Rami Malek   *C. THE HURT LOCKER*

4. _____ Lady Gaga   *D. LA LA LAND*

5. _____ Lupita Nyong'o   *E. BRAVE*

6. _____ Alfonso Cuarón   *F. ROMA*

7. _____ Damien Chazelle   *G. MOONLIGHT*

8. _____ Viola Davis   *H. 12 YEARS A SLAVE*

9. _____ Mahershala Ali   *I. FENCES*

10. _____ Brenda Chapman   *J. BOHEMIAN RHAPSODY*

Get Social

```
S  R  S  U  L  P  E  L  G  O  O  G  O  O  G
Y  K  S  P  Q  K  A  W  T  S  J  A  J  A  P
I  H  E  N  I  V  Q  K  C  M  I  B  I  X  J
K  B  L  S  B  T  K  L  A  N  O  Q  G  R  E
Y  U  B  R  T  S  E  R  E  T  N  I  P  A  P
A  E  M  V  P  V  G  B  V  Y  S  X  V  N  O
K  N  U  U  Z  A  I  F  S  C  Z  B  H  M  C
D  J  B  M  T  L  G  T  A  H  C  P  A  N  S
S  V  G  S  S  R  J  N  P  C  G  E  O  Z  I
A  Q  N  T  F  T  L  V  L  Q  H  J  B  Q  R
N  I  U  Z  M  U  W  D  O  Z  V  L  P  I  E
P  A  K  O  Z  M  T  I  N  D  E  R  E  N  P
J  T  N  G  R  H  K  O  T  K  I  T  E  E  D
K  N  V  J  G  A  Q  I  W  C  G  L  P  T  Q
F  D  Z  E  U  M  M  R  U  O  H  H  K  N  E
```

BUMBLE	GOOGLE PLUS	INSTAGRAM
PERISCOPE	PINTEREST	QUORA
SNAPCHAT	TIKTOK	TINDER
TWITCH	VINE	YIK YAK

Black Lives Matter

```
J  K  N  S  O  J  T  Y  P  N  H  A  O  R  M
K  A  T  T  D  L  A  N  C  N  L  S  E  P  M
X  E  R  T  M  O  F  A  K  J  V  S  T  R  S
I  P  U  Q  W  C  W  L  Q  H  T  J  E  O  I
H  E  Q  U  C  A  Y  L  B  I  U  E  Y  T  C
T  R  F  Y  C  L  P  Y  N  S  S  B  X  E  A
N  N  T  N  R  P  O  P  T  R  I  V  Y  S  R
E  I  U  G  M  O  O  I  C  X  W  Z  A  T  I
E  C  A  T  K  W  C  D  G  H  X  N  V  S  T
T  K  L  J  E  E  J  C  D  A  U  Z  X  W  N
R  E  R  R  L  R  N  E  Q  F  D  J  A  R  A
I  U  I  G  R  P  P  L  V  Y  N  D  H  R  I
H  G  G  X  M  R  O  S  T  A  Y  W  O  K  E
T  R  H  B  A  Y  X  Y  N  A  M  W  O  H  O
G  C  T  N  O  S  U  G  R  E  F  S  H  X  P
```

ALLY	ALRIGHT	ANTIRACISM
FERGUSON	HOW MANY	JUSTICE
KAEPERNICK	LOCAL POWER	PROTESTS
REST IN POWER	STAY WOKE	THIRTEENTH

Rise of Podcasts

```
R M Y O G R I E F C A S T D H
Q J T N P A D X I U E J K E O
D I R X A Z L A E J R K F C W
O N T D E L O E F E X L W A I
I V M O D E R N L O V E Q D B
U P F I R S T Z T W K W A E U
P L D O P O R T S A G I B W I
E R D E T S I L K C A B E R L
S C I T I L O P G N I K L A T
S K P Z Q M N R C Y F R A P T
B R I E C X B N G B U W I P H
K N C L R I U K V V C M R E I
J L I A F O T W O H V O E D S
K R R K A R L U R I O H S V D
W C T W O L H G I H E H T Q D
```

BACKLISTED	DECADE WRAPPED	GASTROPOD
GRIEFCAST	HOW I BUILT THIS	HOW TO FAIL
LORE	MODERN LOVE	SERIAL
TALKING POLITICS	THE HIGH LOW	UP FIRST

#Trending

```
B B M F R B P Z Z Z T A L E X
F U Q O C C U P Y W A L L S T
R C G N O R T S N O T S O B J
F K Z H P M U O N Z Z O R H H
T E P A R T A Q I G K O E O M
E T M W A I T M A M I C H L E
A C U Z Y G W K G A M I H R T
P H R C F Z A W A G J I T R O
A A T J O F Q M R A A Q I A O
R L D W R D E Q E Q R L W C W
T L L E P J Z H V R M V M C W
Y E A D A S Y M E T G T I S E
K N N V R Z W Z N Q Y A Q B T
W G O T I D L D B C O A T Q S
S E D J S Y B E H S R O F E H
```

BOSTON STRONG	BUCKET CHALLENGE	DONALD TRUMP
GAMERGATE	HE FOR SHE	I'M WITH HER
MAGA	ME TOO	NEVER AGAIN
OCCUPY WALL ST.	PRAY FOR PARIS	TEA PARTY

Basic Baby Girl Names

Unscramble each baby name and rank in order of popularity in the 2010s.

_____ *Dnmiaso*

_____ *Mema*

_____ *Gialaib*

_____ *Hltcreoat*

_____ *Iam*

_____ *Mlyei*

_____ *Lvoiia*

_____ *Vaa*

_____ *Hapiso*

_____ *Alaselib*

Young Trailblazers

```
W  L  L  O  G  A  N  G  U  L  E  F  F  A  D
H  F  Z  K  X  Y  A  L  A  L  A  M  Q  Q  P
K  J  Y  O  A  K  A  S  O  I  M  O  A  N  G
I  A  H  S  I  L  I  E  E  I  L  L  I  B  R
E  M  D  Z  H  Y  P  J  Z  W  Z  Z  I  L  E
R  E  N  G  H  Q  X  R  G  B  U  L  O  H  B
N  S  S  U  D  I  C  X  P  I  C  F  S  B  N
A  C  X  B  O  E  C  S  V  K  K  B  N  J  U
N  H  S  I  M  O  N  E  B  I  L  E  S  O  H
S  A  R  V  A  F  A  S  Y  N  J  Y  E  N  T
H  R  E  M  M  A  G  O  N  Z  A  L  E  Z  A
I  L  N  F  S  A  I  D  Y  E  L  R  A  M  T
P  E  B  H  R  A  C  G  Q  Z  V  P  W  R  E
K  S  O  U  T  B  O  Y  A  N  S  L  A  T  R
A  F  U  H  W  C  T  D  K  I  T  I  G  O  G
```

AOC	BILLIE EILISH	BOYAN SLAT
EMMA GONZÁLEZ	GRETA THUNBERG	JAMES CHARLES
KIERNAN SHIPKA	LOGAN GULEFF	MALALA
MARLEY DIAS	NAOMI OSAKA	SIMONE BILES

Foodie Call

```
D S U M M U H T R E S S E D B
E R B W A X F T S A P E K X G
L Q A B Y F S H K G I I L T V
B Q Y O A Q C J Z U Q H I E E
A I C N B N K L D K M T M K G
T T D E P E T F O I L O T R G
O K I B V N S M B H O O A A I
T A K R M I B E U R J M O M E
M L N O A U C P E E W S F S N
R E E T C D M H A H T N S R O
A E S H N O O D E Y C E P E O
F C A S O E B Q W A B E G M D
Q D E I R H L K M A A R U R L
B Y G Y X A O E Q W F G N A E
H D D E E W A E S V P J H F S
```

BONE BROTH	CEVICHE	CHEESE BOARD
DESSERT HUMMUS	FARMERS' MARKET	FARM-TO-TABLE
GREEN SMOOTHIE	KALE	KOMBUCHA
OAT MILK	SEAWEED	VEGGIE NOODLES

Urban Outfits

```
A  J  I  J  Q  T  S  E  P  M  V  U  X  L  A
Z  T  T  I  O  A  X  S  X  Y  R  M  H  N  I
C  C  H  V  G  Z  K  Z  Z  K  D  I  D  U  L
Q  N  N  N  L  J  C  R  S  V  L  G  N  N  Y  C
O  E  U  B  E  W  Q  L  T  H  I  A  S  A  O
Z  A  B  W  R  I  A  Z  W  L  I  O  N  O  N
N  N  N  M  W  H  S  A  S  N  M  T  A  T  V
L  K  A  S  G  L  I  U  E  B  A  R  E  J  E
R  L  M  E  F  S  X  X  R  T  V  K  J  U  R
I  E  E  G  T  L  K  E  P  E  Z  E  D  D  S
G  B  W  E  N  M  A  H  L  G  V  I  E  E  E
O  O  D  S  G  N  A  B  E  D  I  S  P  O  O
C  O  N  W  P  O  T  P  O  R  C  P  P  E  B
S  T  P  F  S  N  A  E  J  Y  N  N  I  K  S
V  S  K  R  H  I  P  S  T  E  R  N  R  T  L
```

ANKLE BOOTS	ATHLEISURE	CONVERSE
CROP TOP	HIGH-WAISTED	HIPSTER
MAN BUN	OMBRÉ	RIPPED JEANS
SIDE BANGS	SKINNY JEANS	VSCO GIRL

It's a Rap

```
J A N I M I K C I N I K Q J V
H O I H H A P W P I P J W B H
R E P P A R E H T E C N A H C
L G V U M O T V J E X M I Y F
A P Z Y E C F Q H W K K F V Z
Y M K E N D R I C K L A M A R
H E W L I J U B S T E W R Y Y
P N U U M A I Z I L C O G D L
Z Y D K E D B W A M Z M I U N
F A Z U R S M Z N Z U I D H H
Z W F A F W A T I S I K Z S M
I L C B I Y O L J A H L B I L
L I Z O G I U B E U B I F F L
A L F G W X T H T M X L E O P
I T I K E N O L A M T S O P T
```

CARDI B	CHANCE THE RAPPER	DRAKE
EMINEM	IGGY AZALEA	JAY-Z
KENDRICK LAMAR	LIL' KIM	LIL WAYNE
LIZZO	NICKI MINAJ	POST MALONE

Answer Key

The 1920s

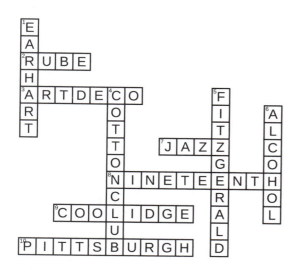

The Soaring Twenties

Lookin' Spiffy

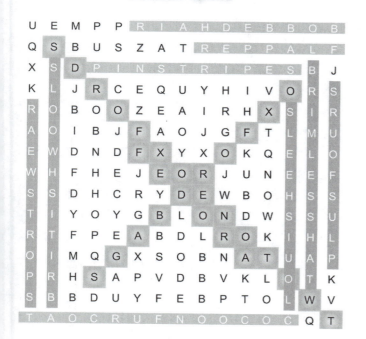

Trouble on Wall Street

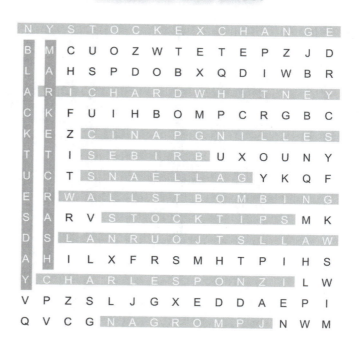

Answer Key

Food that's the Bee's Knees

```
P D D U N U W F Y F W B U X X
I V X Q T J Y R U W E R P W E
O E M A D B B I A M T E S O B
M L P C A Z W L J S A I N A B
M V L D O H K D L T R D D D B
S E C E B D Y C T P S E E E Y
K E Y K J U F H K I V T D R R
I T L A G J C I E S O I O B U
A A H C V A Y C S H O C W R T
R P X R I J A K I H H K N E H
X C B L M S M E O Y C S C A Q
Q Y J A M T P N X S X A A D M
Q J I Z N D K O W P H H K N T
J K J U Y D B T P A D T E E G
Z G F L A P J A C K S A C V S
```

Books that Pack a Sockdolager

1. H
2. A
3. E
4. J
5. B
6. G
7. I
8. C
9. D
10. F

Political Milestones for Women

```
N S T N N E U F E K Y B P Z M
O Z M O E V Z L M D N E H C M
T J R S O A M O M N V R O N I
L M N R N H Q Z R A S I T R Q N
E A N M E E A Z E J A R L A E I
F N M H D L M T N H W L A E H
A S E E L M I H C A W K K H A
C O J A I L L E R S T L S E H
C L J Z A R V K A V Z R A E H
E A Y Y R R O L A Y R T N W A
B N V K C S D J E W F D E R Q P
E V K C S U L N O K D S D W E
O F S O L E D A D C H A C O N
V Z V S G N I R P S A N E L Q
```

Cutting a Rug

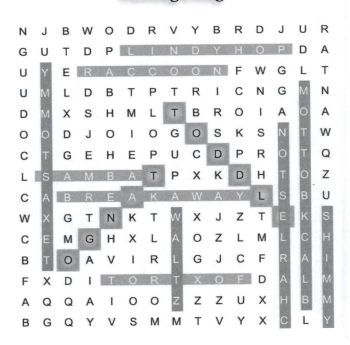

Answer Key

The Golden Age of Radio

Red-Hot Gangsters

How Many Clams?

1. B
2. D
3. A
4. C
5. B
6. A
7. D
8. C
9. A
10. B

Sporting Heroes

Answer Key

The 1st Academy Awards

Mother Nature Reigns Supreme

1920s Trailblazers

Scram(ble)!

1. Ford
2. Credit
3. KLM
4. Pullman
5. MOMA
6. NASCAR
7. Coney Island
8. Yellowstone
9. Motel
10. Grand Canyon

Answer Key

Modern Art

Great Names for the Greatest Generation

The Jazz Age

Throwing a Wingding

Answer Key

The 1930s

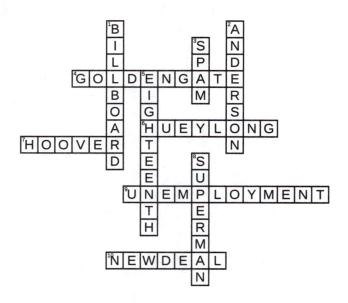

Lead-up to WWII

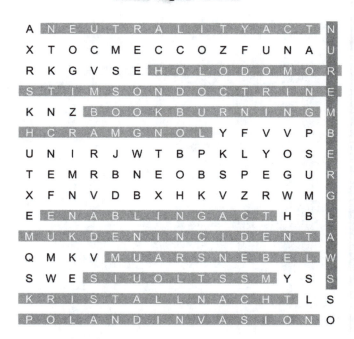

Use It Up, Wear It Out, Make Do, or Do Without

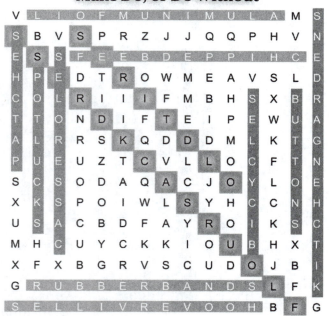

First Televised Sports

Answer Key

The Dust Bowl & Other Disasters

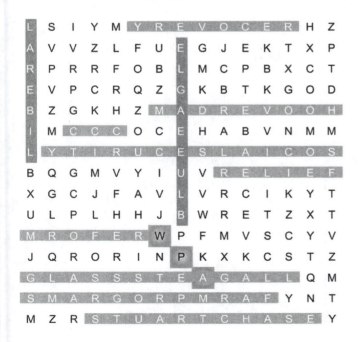

1936 Summer Olympics

1. FALSE
2. FALSE
3. TRUE
4. FALSE
5. TRUE
6. TRUE
7. TRUE
8. FALSE
9. TRUE
10. TRUE

The New Deal

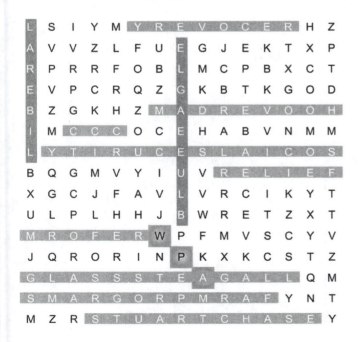

Inventions that Blew People's Wigs

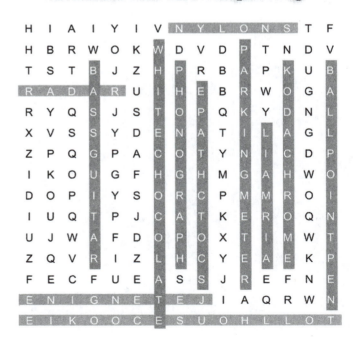

Answer Key

Love the Grub

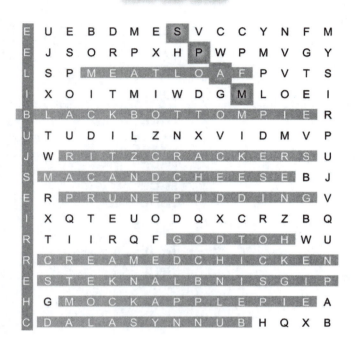

A Lincoln Buys...

Heard in the Pictures

1. D
2. A
3. D
4. C
5. B
6. B
7. A
8. C
9. A
10. B

1930s Trailblazers

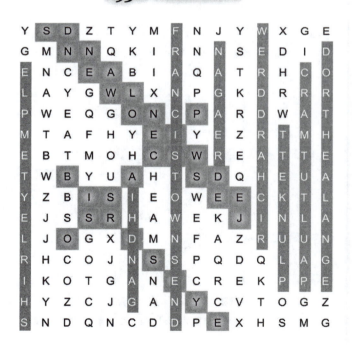

Answer Key

Swing That Music

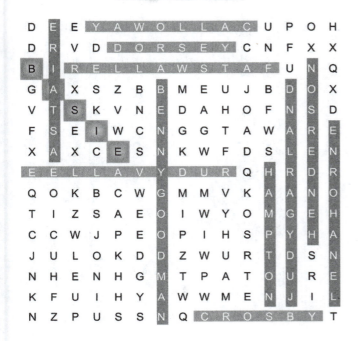

Radio Legends

Hot Stuff

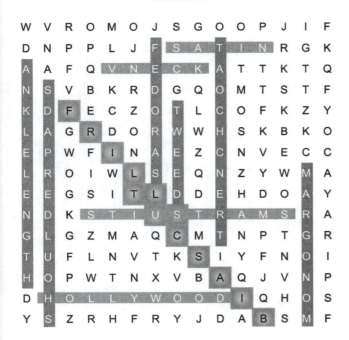

The Hollywood Marriage

1. G
2. A
3. E
4. J
5. C
6. I
7. D
8. F
9. B
10. H

Answer Key

What's Your Story, Morning Glory?

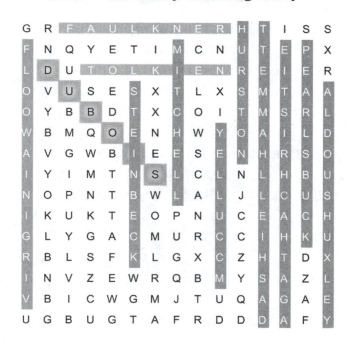

Public Enemies

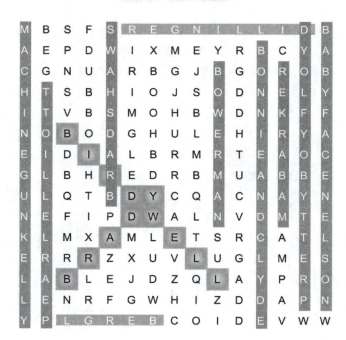

Oscar Is Born (1929)

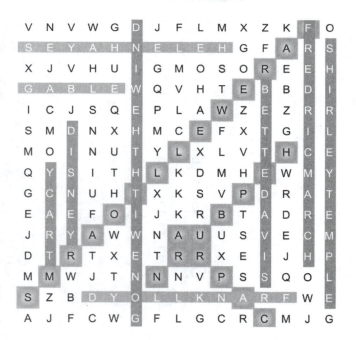

Names as Cute as a Bug's Ear

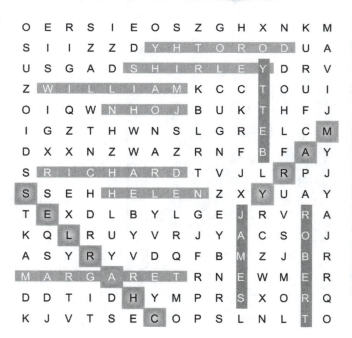

Answer Key

The 1940s

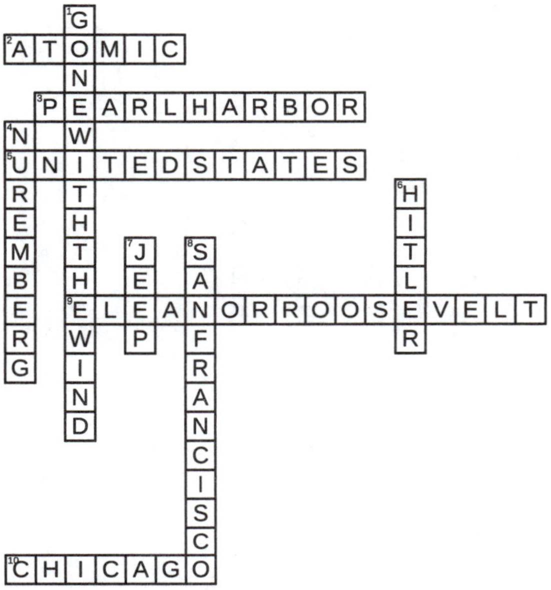

Battles of World War II

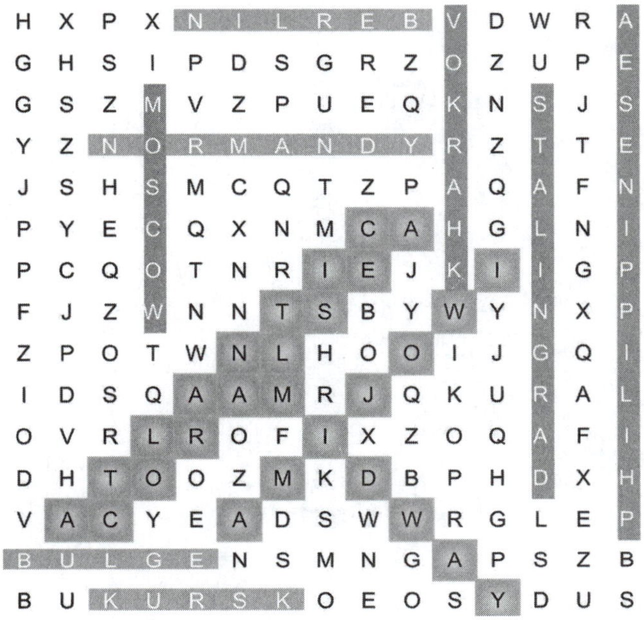

From Battlefield to Home

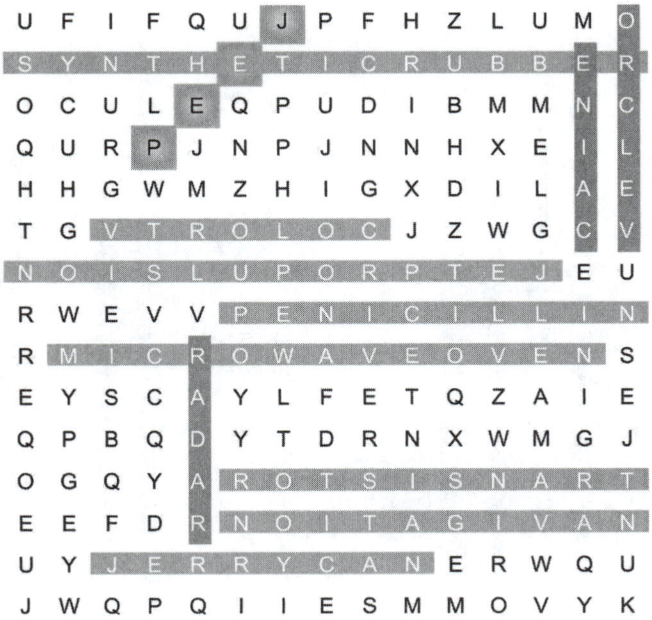

Unsung Heroes of WWII

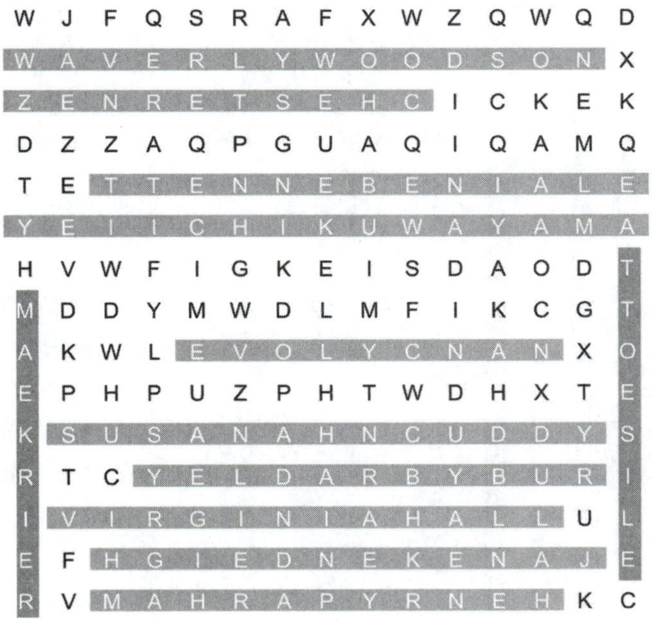

Answer Key

Wartime Rationing

```
E Y J D H V K I A K I X Q G S
C H A K L F D C I F P R E G S
V Z J U E S E H A W I U D J J
Q G W O U O U E P T Y B R Q T
Z X E G L J T E F X I B E R E
K H A U H G O S V W H E T W A
U R V W W P N E G G S R T W V
F N E J M O L O R X C O U K J
K Q H Y L K B Q X O V M B N A
T K V Y L R O S F H J P J A V
H A N X H F U F N U Y X P J C
Q S E O H S E V R M Y Z G R C
N Z L M R E U H S I F Y T K J
K I Y G A S O L I N E I V Q Y
E B D Z M O P Q A Z O E N T D
```

It Takes Moxie!

1. C
2. A
3. D
4. B
5. A
6. D
7. B
8. C
9. A
10. C

The Cat's Pajamas

```
M K X W H V I G M J C E A Q X
A Z P I U K U P B R H E W N N
G E M D H N S C Y P Y J C R D
I L D H T E S R O T C E R E D
C B U T C M C D O H M E S A Y
E B I Q V I S E E H C R A P
I A T D J N M W B L Z O L G C
G R L D T R A D I O F L Y E R
H C L L V S I L L Y P U T T Y
T S U Y L I N C O L N L O G S
B X D W V U K U P Y K N I L S
A K O I D A R E T I M Y N I T
L X G N H N Q C J I W K B P V
L C A K L F R I S B E E F S Z
S B U S P R A G G E D Y A N N
```

All-American Girls Baseball League

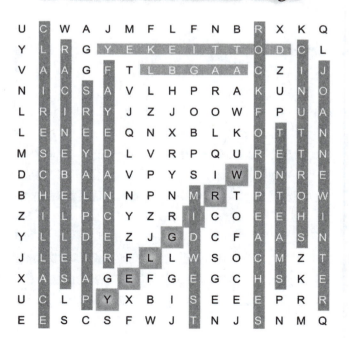

```
U C W A J M F L F N B R X K Q
Y L R G Y E K E I T T O D C L
V A A G F T L B G A A C Z I J
N I C S A V L H P R A K U N O
L R I R Y J Z J O O W F P U A
L E N E E Q N X B L K O T T N
M S E Y D L V R P Q U R E T R
D C B A A V P Y S I W D N R E
B H E L N P N M R T P T O W
Z I L P C Y Z R I C O E E H I
Y L L D E Z J G D C F A A S N
J L E I R F L L W S O C M Z T
X A S A G E F G E G C H S K E
U C L P Y X B I S E E E P R R
E E S C S F W J T N J S N M Q
```

212

Answer Key

Cooking with Less

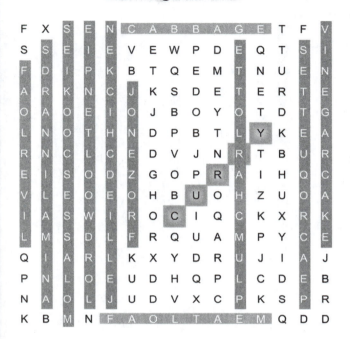

Deadly Disasters

In the Mouse House

1. FALSE
2. TRUE
3. TRUE
4. TRUE
5. FALSE
6. TRUE
7. TRUE
8. TRUE
9. TRUE
10. FALSE

Swell Duds

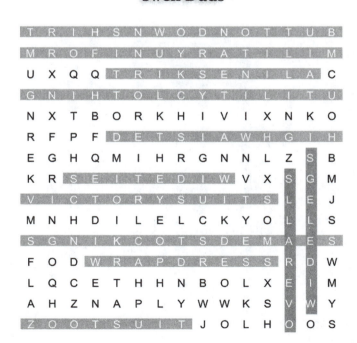

Answer Key

Names for B.Y.T.s (Bright Young Things)

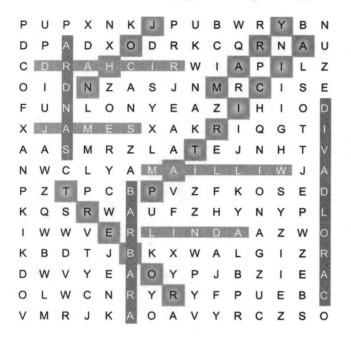

Film Noir

Postwar Boom

Gobbledygook

1. **D**
2. **H**
3. **A**
4. **B**
5. **K**
6. **G**
7. **C**
8. **L**
9. **J**
10. **E**
11. **I**
12. **F**

Answer Key

1940s Trailblazers

Dr. Spock Is In

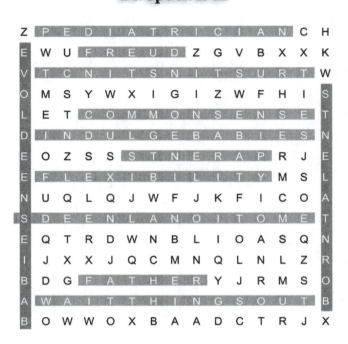

Women's Work

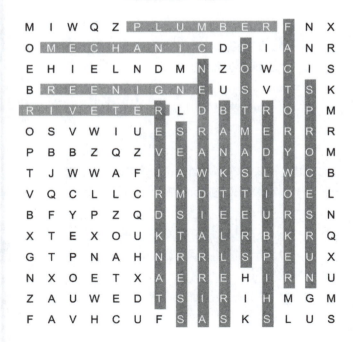

Big Bands to Bebop

Answer Key

The 1950s

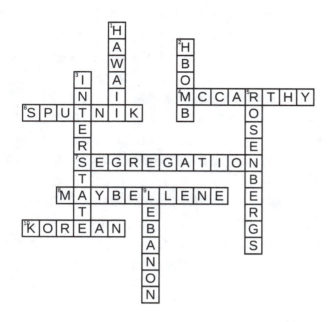

Out of This World

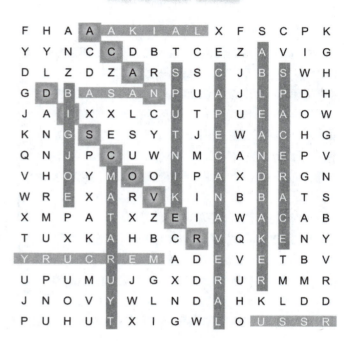

Sports Legends

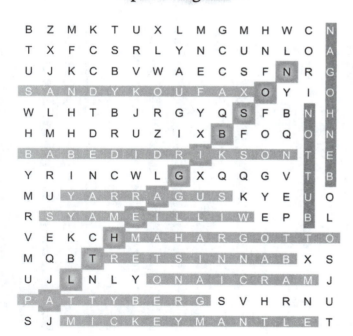

The Red Scare

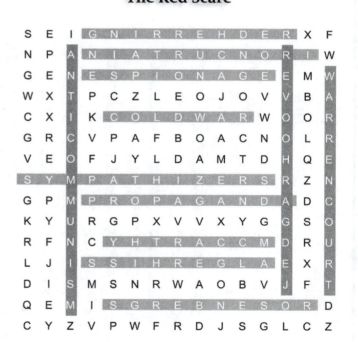

Answer Key

Suburbia

Match Books and Hot Authors

1. D
2. H
3. F
4. A
5. B
6. C
7. E
8. J
9. G
10. I

Civil Rights

Elvis

Answer Key

Drive-In Diner

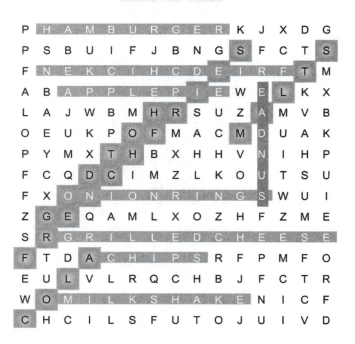

Station Wagon Adventures

How Much Bread?

1. B
2. D
3. C
4. B
5. B
6. A
7. A
8. B
9. A
10. D

Raise the Curtain

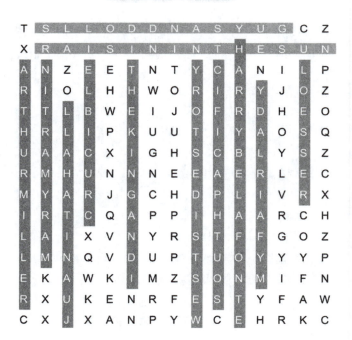

Answer Key

1950s Trailblazers

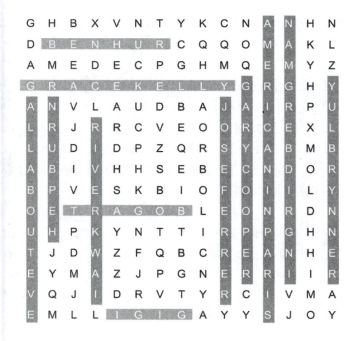

On the Jukebox

On the Marquee

Madison Avenue

1. C
2. I
3. B
4. G
5. J
6. A
7. E
8. H
9. D
10. F

Answer Key

Little Baby Boomer Names

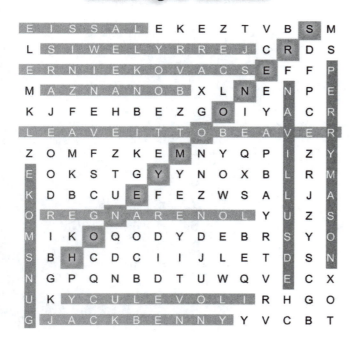

```
A G M K E U J H G X M E G T H
Y K I J I M A G K Z B N B L O
D I H W T X M A K S B L H C P
A G K F C I E X B P M L T O N
V Q I C U H S Y W Z U E Q C J
I F X Y R X R U L V L E N O H
D S Z R H A R O B E D W V R E
D I D P M E Y O V N A F F P S
W I L L I A M D M C K H O J M
G N G N A S U S N S S V C O P
A P P H A R A B R A B D P I D
D N T I Y F L Q S L J P I L M
N P A T R I C I A Q S X G G P
I J N N P S T R E B O R N V C
L M P U P I J U T L M W G F T
```

Cruisin'

```
P L A V T Q J S H F N Z E Z J
C H Y V G X K H L E S D E E N
C I X B I A E C R B Y M A U Y
D S R Q I E L T E E B W V L D
R D B S R Z F O D A R O D L E
Z N E B A Q R K R A L Y K S U
W R D D G I A Y R U F E K Y U
V J F P A I E V Z A H D V I Y
H H Y L L T I S L Y U E J W D
N T E L A I R E P M I S P B U
N B F E D C Z U F Y J X U C X
E T E H C Q N A G Q D Z B H F
G M F C O R V E T T E E Z A V
J T I B Q Q I M H C K P R F H
F T H U N D E R B I R D R O R
```

Golden Age of Television

```
E I S S A L E K E Z T V B S M
L S I W E L Y R R E J C R D S
E R N I E K O V A C S E F F P
M A Z N A N O B X L N E N P E
K J F E H B E Z G O I Y A C R
L E A V E I T T O B E A V E R
Z O M F Z K E M N Y Q P I Z Y
E O K S T G Y Y N O X B L R M
K D B C U E F E Z W S A L J A
O R E G N A R E N O L Y U Z S
M I K O Q O D Y D E B R S Y O
S B H C D C I I J L E T D S N
N G P Q N B D T U W Q V E C X
U K Y C U L E V O L I R H G O
G J A C K B E N N Y Y V C B T
```

Choice Threads

```
S K C U B E D E U S D Y F D L
S I T I K B Q T W P E P T R O
E Q Z G N I D J Z J L O T P A
R G T A O C I T T E P A N H B
D W E P A G I N G H A M I I R
E Q B U T C H W A X K Z K D X
L W C Y B K I T T E N H E E L
C V X L H C A P R I P A N T S
R T W E E D Z W E C Y N H R C
I H D Y P M Y Q Z A B S J T Y
C R E T A E W S R E T T E L B
P O O D L E S K I R T Q T E H
A L V I G S S B M J U N C B P
A L F J A J N N C X T N H W C
Y S E O H S E L D D A S G E J
```

Answer Key

The 1960s

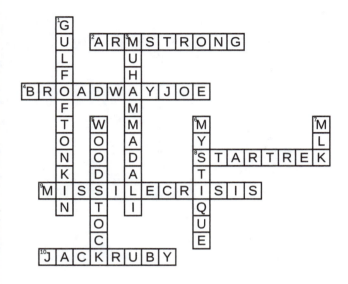

Antiwar Movement

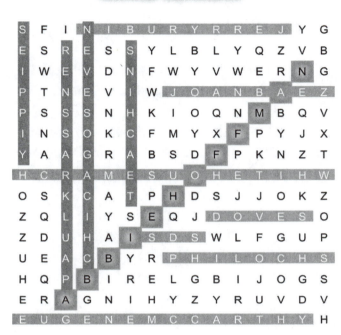

Feelin' Groovy

Women Pioneers

221

Answer Key

Children's Television Revolution

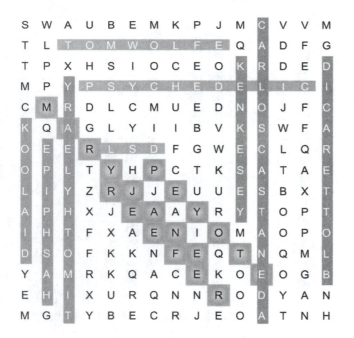

Civil Rights

1. C
2. E
3. E
4. A
5. B
6. D
7. C
8. A

Turn On, Tune In, Drop Out

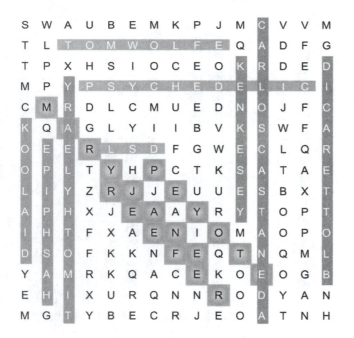

Float Like a Butterfly, Sting Like a Bee

Answer Key

One Giant Leap

Names for a Flower Child

Hey, Read This!

1. *One Flew Over the Cuckoo's Nest*
   by Ken Kesey
2. *The Electric Kool-Aid Acid Test*
   by Tom Wolfe
3. *Been Down So Long It Looks Like Up to Me*
   by Richard Fariña
4. *The Psychedelic Experience*
   by Timothy Leary
5. *Stranger in a Strange Land*
   by Robert Heinlein
6. *In Watermelon Sugar*
   by Richard Brautigan
7. *Stanyan Street & Other Sorrows*
   by Rod McKuen
8. *Scripture of the Golden Eternity*
   by Jack Kerouac
9. *Memoirs of a Beatnik*
   by Diane di Prima
10. *The Fire Next Time*
    by James Baldwin

Summer Of Love

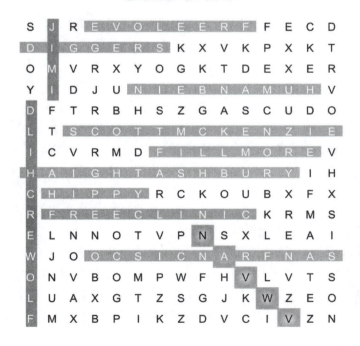

Answer Key

The Great Society

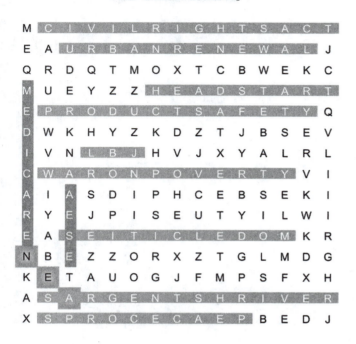

1960s Superheroes

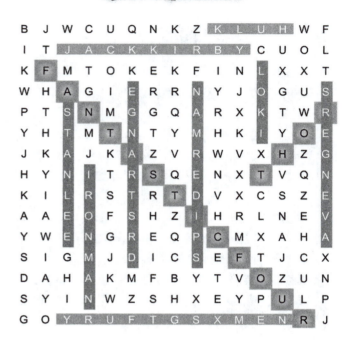

Off the Red Carpet

Woodstock

1. H
2. D
3. F
4. E
5. A
6. I
7. B
8. G
9. C
10. J

Answer Key

Camelot

Far-Out Fun

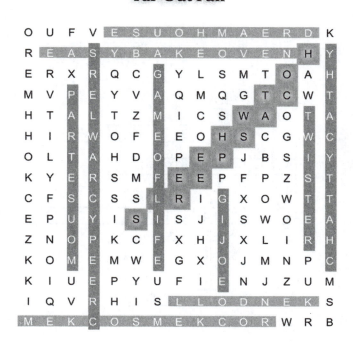

1960s Trailblazers

Psychedelic Styles

Answer Key

The 1970s

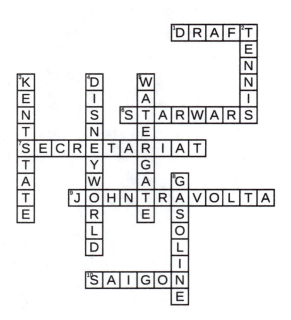

Leaving Vietnam

Cable TV

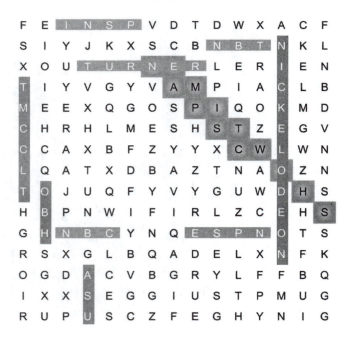

On Top of Their Game

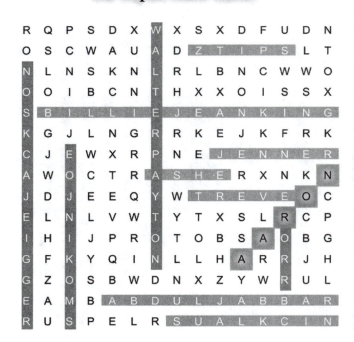

Answer Key

The Information Age

I Am Woman

1. **C**
2. **A**
3. **D**
4. **B**
5. **A**
6. **D**
7. **B**
8. **A**
9. **D**
10. **C**

Deserts and Jungles

Child's Play

Answer Key

Books-of-the-Decade Club

Nuts & Berries

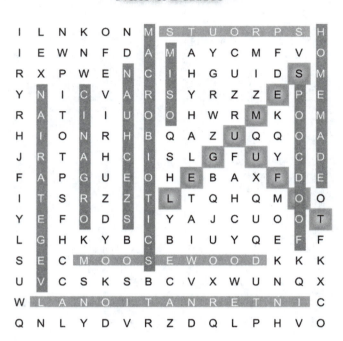

Deep Throat

1. Lie
2. Lie
3. Truth
4. Lie
5. Truth
6. Lie
7. Lie
8. Truth
9. Truth
10. Truth

Anything Goes

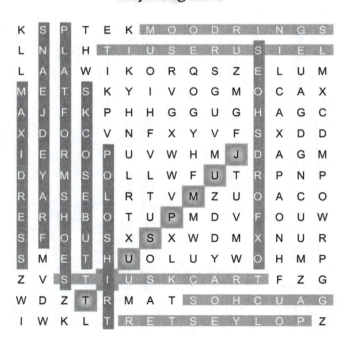

Answer Key

10-4 Good Buddy

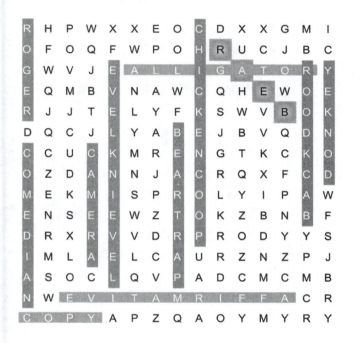

Chart Toppers

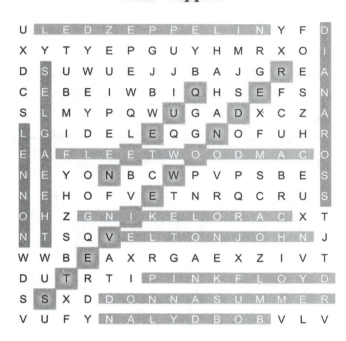

All in the Family

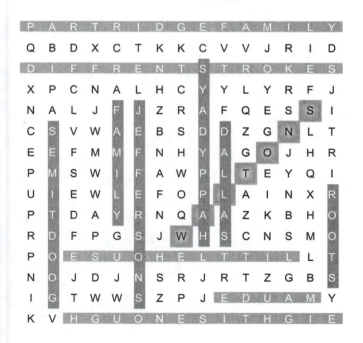

Box Office Favorites

1. *Star Wars: Episode IV—A New Hope*
2. *Jaws*
3. *Grease*
4. *The Sting*
5. *Superman*
6. *The Godfather*
7. *The Exorcist*
8. *Smokey and the Bandit*
9. *Animal House*
10. *Blazing Saddles*
11. *Rocky*
12. *Close Encounters of the Third Kind*

Answer Key

1970s Trailblazers

SNL

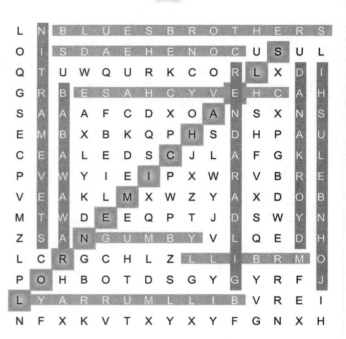

Gen X Boys' Names

Dance Floor

Answer Key

The 1980s

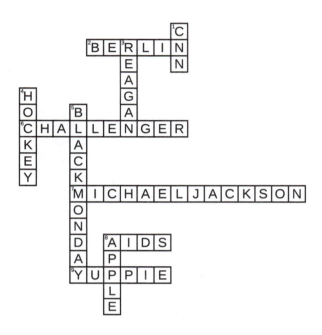

It's a PC Decade

Global Hot Spots

AIDS Crisis

Answer Key

Auto Options

Gen-Y Names, Like, Totally Scrambled

Girls
1. Jessica
2. Jennifer
3. Amanda
4. Ashley
5. Sarah

Boys
1. Michael
2. Christopher
3. Matthew
4. Joshua
5. David

Wrestle Mania

Back to the Theater

Answer Key

Superstars

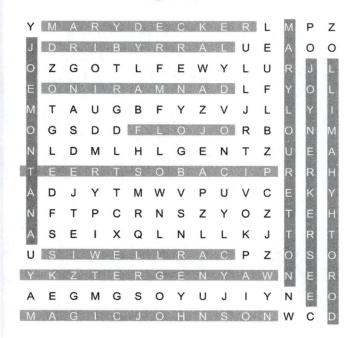

1980s Trailblazers

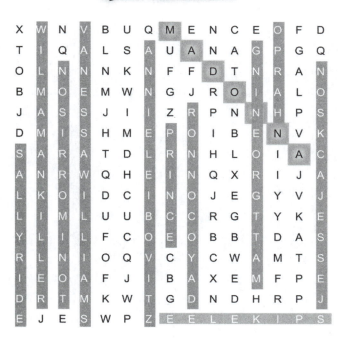

"Be Afraid. Be Very Afraid."

1. C
2. A
3. D
4. C
5. A
6. E
7. D
8. D
9. E
10. A

Video Killed the Radio Star

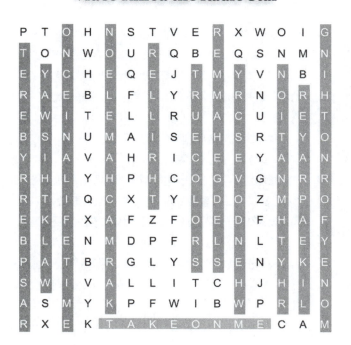

Answer Key

Choice Fashion

Paparazzi Prey

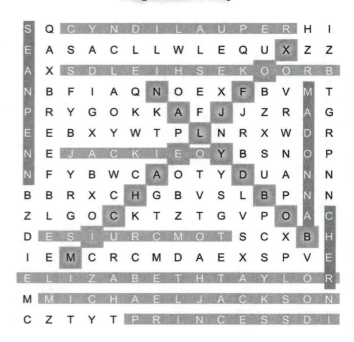

True Crime

Just Match It!

1. E
2. J
3. F
4. I
5. A
6. B
7. H
8. C
9. D
10. G

Answer Key

One-Hit Wonders

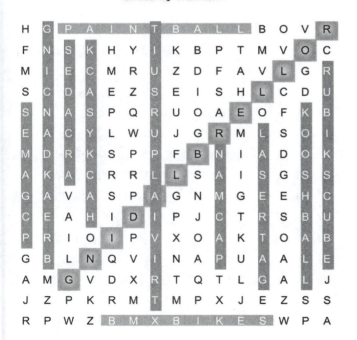

What Was on the Tube?

Gnarly Games

Totally Tubular Toys

Answer Key

The 1990s

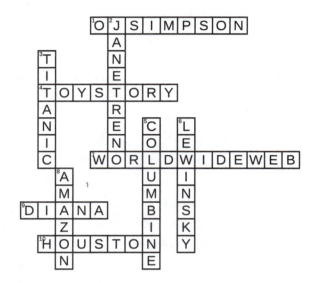

Globalization

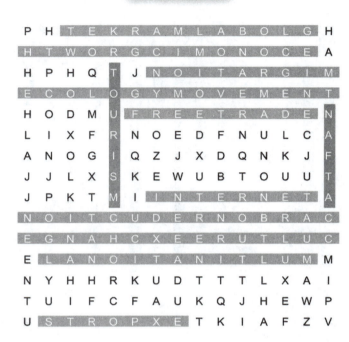

Beyond the Big Three Networks

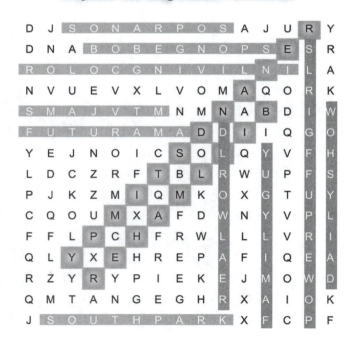

Toys Kids Want

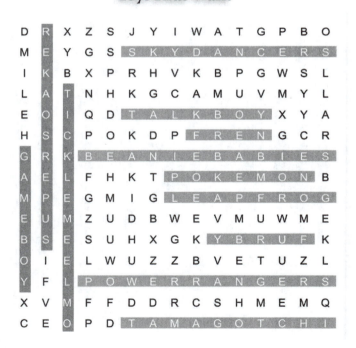

Answer Key

Preparing for Y2K

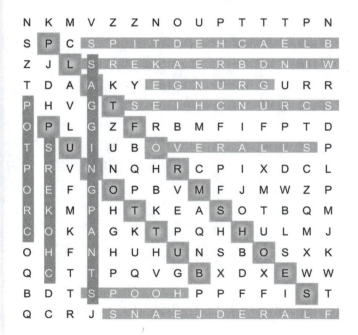

Fact or Fiction?

1. TRUE
2. TRUE
3. FALSE
4. TRUE
5. TRUE
6. TRUE
7. FALSE
8. FALSE
9. FALSE
10. FALSE

Fashion Runway

Names for Perfect Storms

Answer Key

CD Player

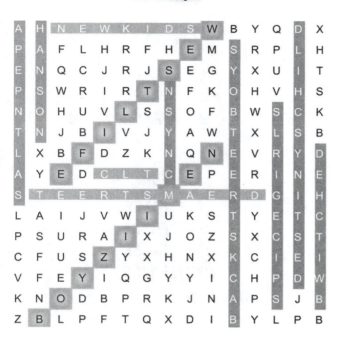

Tech Reboot

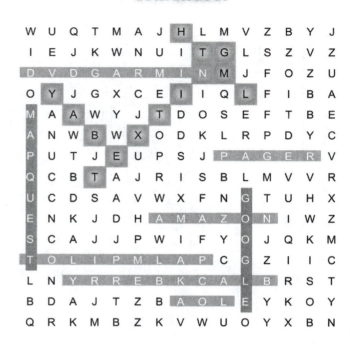

"You Can't Handle the Truth!"

1. H
2. F
3. D
4. B
5. I
6. C
7. J
8. A
9. G
10. E

Booyah!

Answer Key

OJ

And the Oscars Go to...

Rush Tickets

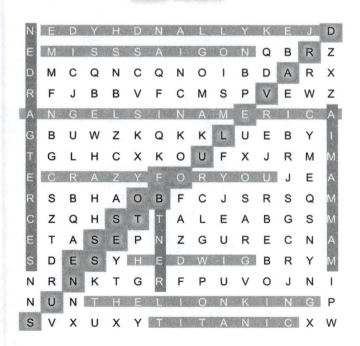

"Show Me the Money!"

1. B
2. A
3. B
4. C
5. C
6. D
7. B
8. D

Answer Key

All That and a Bag of Chips

1990s Trailblazers

That's My Name, Don't Wear It Out!

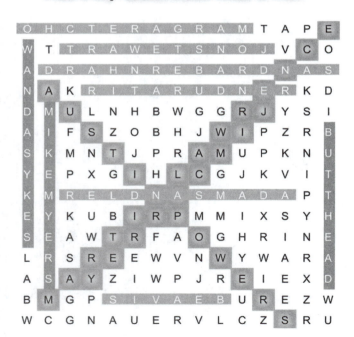

Millennial Dude Names

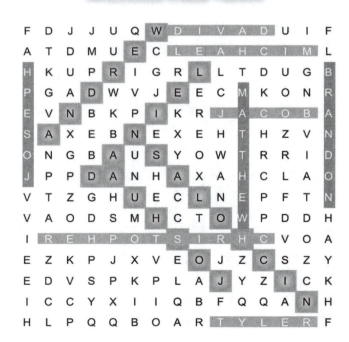

Answer Key

The 2000s

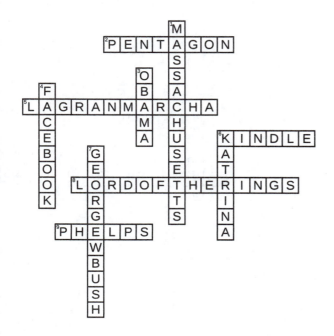

¹MASSACHUSETTS (down)
²PENTAGON
³OBAMA
⁴FACEBOOK
⁵LAGRANMARCHA
⁶KINDLE / KATRINA
⁷GEORGEWBUSH
⁸LORDOFTHERINGS
⁹PHELPS

Y2K Trailblazers

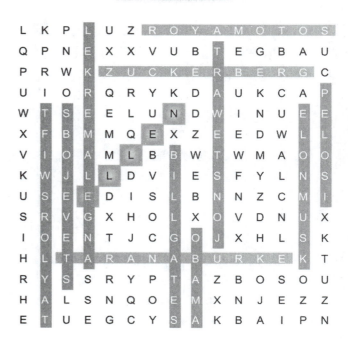

Mighty Winds

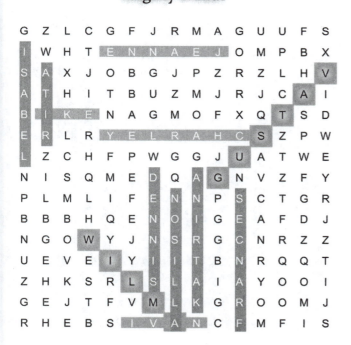

Mad Skills

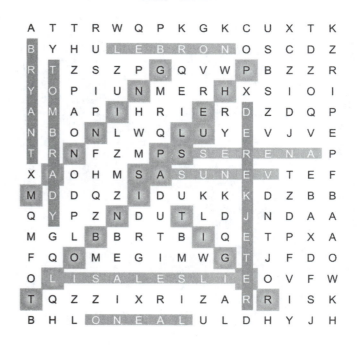

241

Answer Key

Major Oscar Wins

September 11

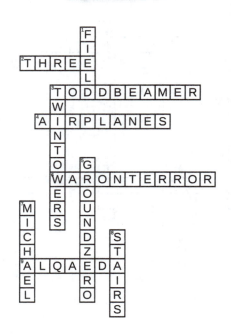

War on Terror

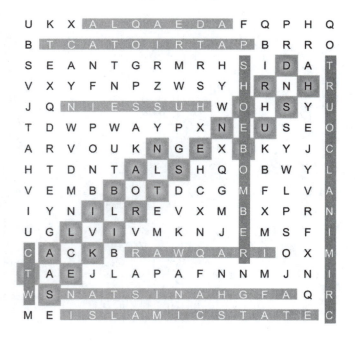

Diet Culture

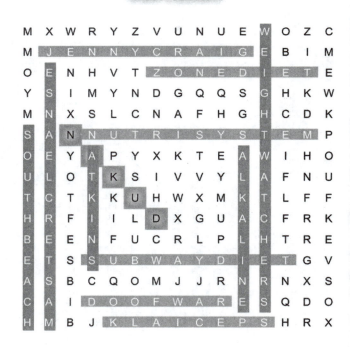

Answer Key

Nobel Laureates

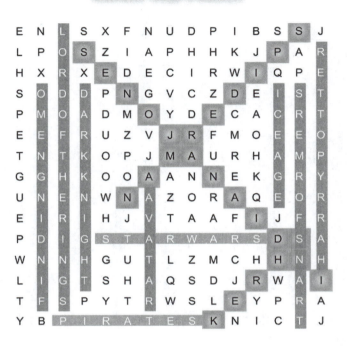

Silence Your Phones

Gen Z Baby Names

Girls
1. Emily
2. Madison
3. Emma
4. Olivia
5. Hannah

Boys
1. Jacob
2. Michael
3. Joshua
4. Matthew
5. Daniel

Reality TV

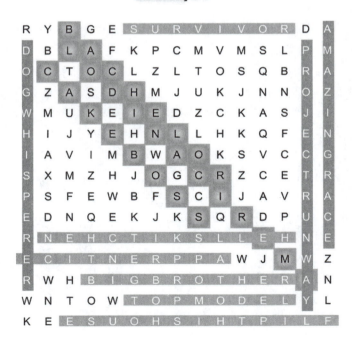

Answer Key

Word Up

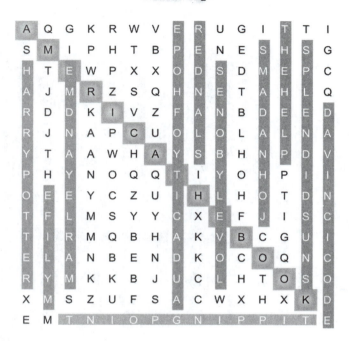

Celebrity Chefs

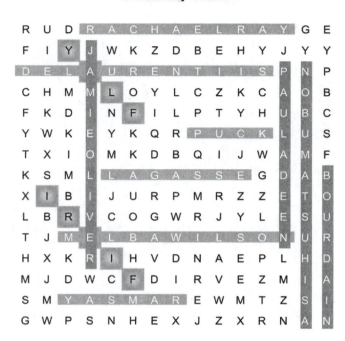

Epic Gaming

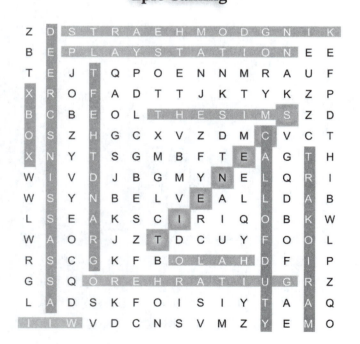

Supreme Court Decisions

1. Recount
2. Constitutional
3. Nude
4. Disability
5. Drug
6. Action
7. Eighteen
8. Commandments
9. Civil
10. Arms

Answer Key

Hot Concert Tickets

Bling Bling

Break a Leg

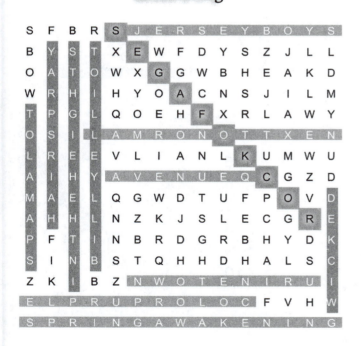

Disrupters

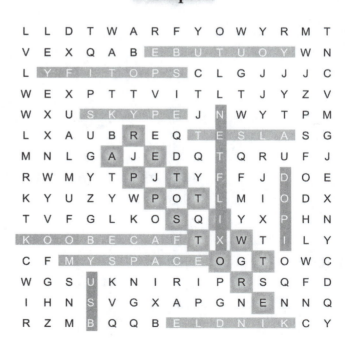

Answer Key

The 2010s

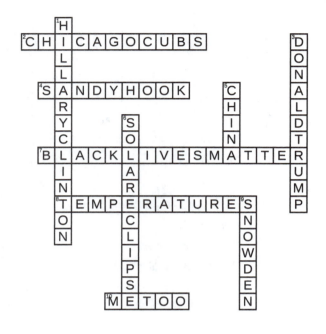

Going Viral

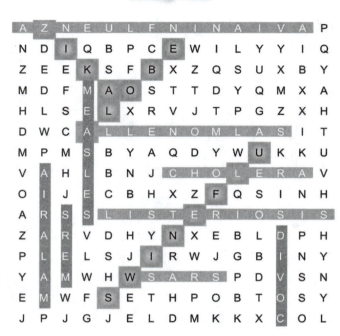

AFZ

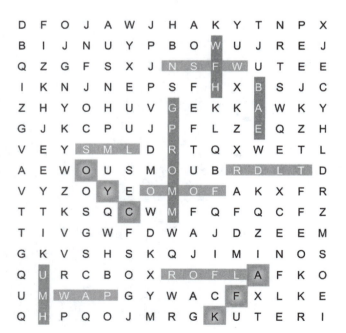

Immigration

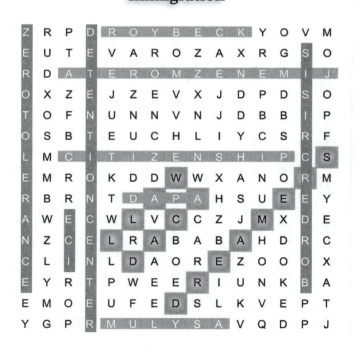

Answer Key

Buzz-Worthy Athletes

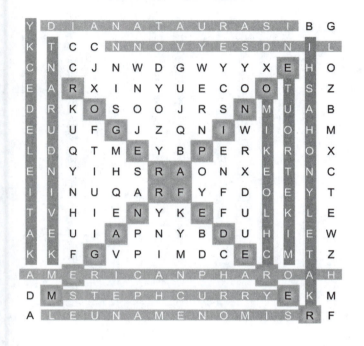

Fake News?

1. TRUE
2. TRUE
3. FAKE
4. TRUE
5. TRUE
6. TRUE
7. TRUE
8. FAKE
9. TRUE
10. FAKE

Electric Cars

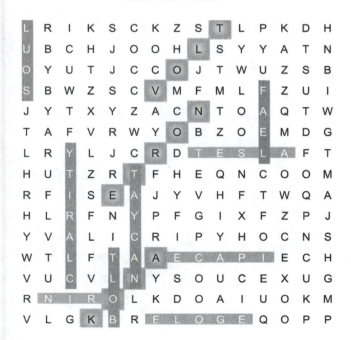

Disasters of the Decade

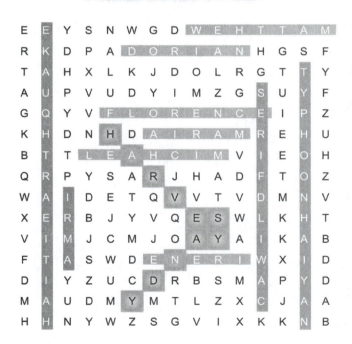

Answer Key

Apps to Kill Time

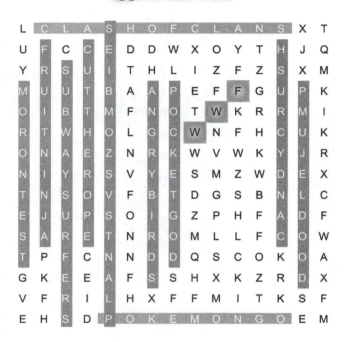

Binge-Worthy TV

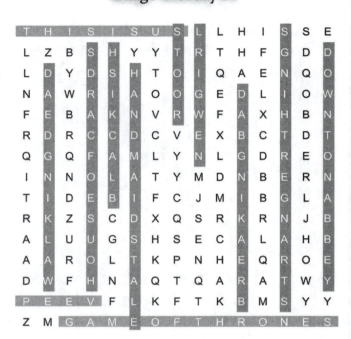

Envelope, Please

1. C
2. A
3. J
4. B
5. H
6. F
7. D
8. I
9. G
10. E

Get Social

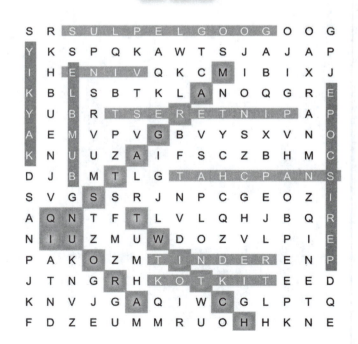

Answer Key

Black Lives Matter

Rise of Podcasts

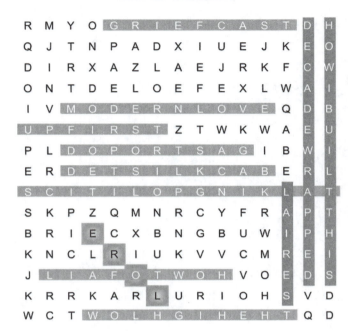

#Trending

Basic Baby Girl Names

1. Emma
2. Sophia
3. Olivia
4. Isabella
5. Ava
6. Mia
7. Abigail
8. Emily
9. Madison
10. Charlotte

Answer Key

Young Trailblazers

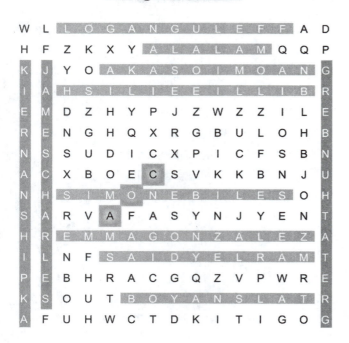

Foodie Call

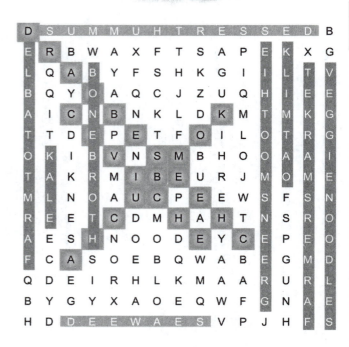

Urban Outfits

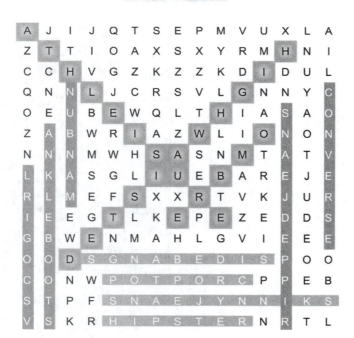

It's a Rap

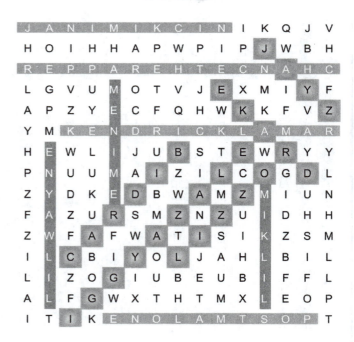